Helga Sinnhuber

Spielmaterial zur Entwicklungsförderung

– von der Geburt bis zur Schulreife –

Helga Sinnhuber

Spielmaterial zur Entwicklungsförderung

– von der Geburt bis zur Schulreife –

verlag modernes lernen - Dortmund

Foto-Nachweis

Güttinger, Heidi:	Abb.: 46
Sinnhuber, Helga:	Abb.: 3, 6, 13, 14, 15, 19, 21, 26, 28, 28a, 32, 33, 34, 35, 36, 37, 38, 39, 40, 42, 43, 44, 45, 47, 48, 49, 50
Steins, Volker:	Abb.: 1, 2, 4, 5, 7, 8, 9, 10, 11, 12, 16, 17, 18, 20, 22, 23, 24, 25a, 25b, 27, 29, 30, 31, 41

BORGMANN MEDIA

verlag modernes lernen Borgmann KG
Hohe Straße 39 • D-44139 Dortmund

6., völlig überarb. und erweiterte Aufl. 2005

Titelfoto: Andreas Rother, Photograph

Gesamtherstellung: Löer Druck GmbH, Dortmund

Bestell-Nr. 1112

ISBN 3-8080-0579-3

Inhalt

Prof. Dr. Ernst J. Kiphard

Vorwort

Das Kind wird in eine ihm zunächst fremde, unverständliche und rätselhafte Umwelt geboren. Erst nach und nach lernt es diese Welt mit Hilfe seiner Sinne kennen und verstehen. Schon ein Baby beginnt die verschiedenen Erscheinungen um sich herum zu unterscheiden. Es erkennt gleichartige Tasteindrücke und Temperaturempfindungen wieder. Es sortiert optische und akustische Sinnesreize, d.h. Gesehenes und Gehörtes aus. Schließlich begreift der Säugling den Sinn bestimmter, immer wiederkehrender Umweltsignale. Er blickt beim akustischen Wahrnehmen von Schritten oder Stimmen erwartungsvoll in die Richtung, aus der seine Mutter immer an sein Bettchen herantritt. Und wenn sich ihr Gesicht über ihn beugt, lächelt er freudig erregt zurück. Zeigt sie ihm sein Fläschchen, so zappelt der ältere Säugling in froher Erwartung der nachfolgenden Nahrungsaufnahme.

Damit hat das Kind bereits ein Intelligenzniveau erreicht, auf dem es einzelne Zusammenhänge begreift. Mit anderen Worten: Die Außenwelt sendet „Signale“ in Form von Düften, Berührungsreizen, Licht- und Schallwellen, die das Kind über seine Sinnesorgane aufnimmt. Aber erst die Kindliche Gehirntätigkeit leitet die eigentliche Intelligenzarbeit, nämlich diese Signale richtig zu deuten, zu verstehen und zu verarbeiten. Zu diesem Zweck werden die nunmehr „entschlüsselten“ Umweltmeldungen in bestimmten Hirnabschnitten gespeichert. D. h., sie werden fein säuberlich voneinander getrennt – die Gehörseindrücke für sich und die Gesichtseindrücke für sich – als persönlicher Gedächtnisbesitz registriert. Das hat den Vorteil, dass neu eingehende Meldungen jedes Mal mit den schon in der Erinnerung vorhandenen verglichen werden können. So lernt das Kind Gleiches als gleich, Ähnliches als ähnlich und Verschiedenes als verschieden anzusehen bzw. „anzuhören“. Es kann sich in der Welt zurechtfinden.

Um diese Welt bewusst wahrnehmen und sich darin orientieren zu können, muss es seine Aufmerksamkeit auf das jeweilige Wahrnehmungsobjekt allein richten. Dadurch wird der gesehene Gegenstand oder das gehörte Geräusch in seiner „Figur“ vom verwirrenden Hintergrund abgehoben, herausgelöst. Je klarer das geschieht, desto exakter wird der Erkenntnisvorgang sein.

Handeln setzt Begreifen voraus

Erst wenn es die in seiner Umgebung vorhandenen Dinge, Elemente, Erscheinungen und Lebewesen in seine Vorstellung einzubauen vermag –

und sei dies noch so unvollkommen – kann es für ein Kind sinnvoll sein, tätig zu werden.

In den ersten Wochen und Monaten seines Lebens ist das Baby dazu noch nicht in der Lage. Es reagiert reflexhaft und ohne Verständnis auf bestimmte Empfindungen. Es schließt bei grellem Licht die Augen; es zuckt bei lautem Geräusch zusammen; es beginnt auf Berührungs- und Geschmacksreize zu saugen, zu schlucken oder auszuspucken. Diese primitiven Automatismen sind mit einfachen Lust-Unlustgefühlen gekoppelt. Die Außenwelt wird dabei nur schemenhaft wahrgenommen.

Handlungsabsichten dagegen setzen ein differenziertes Umweltverständnis voraus. Das Kind muss schon über einen gewissen Erfahrungsschatz an Einsichten in Zusammenhänge, wie bereits erwähnt, verfügen. Dann nämlich wird es in der Lage sein, schon im Voraus zu wissen, was z.B. passieren wird, wenn es den Klingelknopf oder den Lichtschalter betätigt.

Wenn Ein- oder Zweijährige diese oder ähnliche Handlungen wieder und wieder vollführen, so testen sie damit die Wirklichkeit der Dingwelt. Sie wollen sich vergewissern, ob auch tatsächlich jedes Mal das Licht auf Knopfdruck angeht, so wie sie es vorhergesehen, vorausgedacht haben. Die kleinen Forscher stellen sich die beabsichtigte Wirkung zunächst in Geist vor und werden nicht müde, die Wirkung ihrer Handlung immer wieder zu kontrollieren. Dass die Wirkung mitunter anders ausfallen kann als geplant, dass der Ball in eine Fensterscheibe statt gegen die Garagenwand fliegt, müssen selbst ältere erfahren....

Mit der Welt umgehen lernen

So lernen Kinder im Laufe ihrer Entwicklung, mit immer komplexeren und schwierigeren Situationen fertig zu werden. Indem sie sich den wechselnden Bedingungen des Lebens mit allen ihnen zur Verfügung stehenden Mitteln anpassen, schulen sie probierend und kontrollierend ihre Intelligenz. Dabei werden immer neue Eigenschaften und Fähigkeiten erworben. Diese vielfältigen Lernprozesse ermöglichen eine immer weitgehendere Aneignung neuer Verhaltensweisen, die den Umgang mit der Welt erleichtern.

Nun bestehe die kindliche Welt nicht nur aus Gegenständen, aus toter Materie. Es sind vor allem die erwachsenen Mitmenschen, die dem Kind die Umwelt nahe bringen. Und es ist die menschliche Sprache, die dabei eine außergewöhnliche Rolle spielt. Mit Hilfe von Worten lassen sich alle Dinge und Erscheinungen der Umwelt, alle Eigenschaften und Tätigkeiten besser ordnen und begreifen.

So vollzieht sich die kindliche Entwicklung in einem ständigen, sich gegenseitig beeinflussenden Prozess von Wahrnehmen, Denken, Handeln und Sprechen. Eltern und Früherziehern fällt dabei die beglückende Aufgabe des behutsamen Führens, Lenkens und Anleitens zu.

Gesunde Säuglinge und Kleinkinder brauchen keine „Schulung“ und kein mühevolles „Trimm-Programm“. Sie lernen ganz nebenbei, einfach, weil es ihnen Spaß macht. Sie lernen auch nicht für den Erwachsenen, sondern aus eigenem Interesse. Deshalb braucht man sich auch keine Gedanken darüber zu machen; wie man kleine Kinder für etwas Neues begeistert.

Der erwachsene Wissensvermittler arrangiert nur die dem Alter des Kindes entsprechenden Lernsituationen. Er regt an, weist den Weg. Niemals darf er aber zuviel helfen oder gar das Kind gängeln. Durch ein solchermaßen direktives, forderndes und einengendes Vorgehen würde man leicht die natürliche kindliche Entdeckerfreude zunichte machen. Wenn ein Kind die Lösung heute nicht allein findet, so entdeckt es sie vielleicht morgen oder nächste Woche oder einen Monat später. Vielleicht war das Lernangebot verfrüht, oder die Lernzeit war schon zu lang, und das Kind hätte gerade jetzt Ruhe gebraucht.

Man hüte sich vor dauernder Einmischung in das freie Spiel der Kleinen. Es muss auch Verarbeitungszeiten geben, in denen das Kind keine neuen Lernerfahrungen macht, sondern erst einmal andere, bisher unvollständig verarbeitete Eindrücke spielerisch zu festigen sucht. Bald wird es wieder bereit sein, Neues in sich aufzunehmen und sich neue Fertigkeiten anzueignen

Will der Erwachsene das kindliche Entwicklungsgeschehen anregen und fördern, so müssen entsprechende Situationen geschaffen werden, die geeignet sind, Lernerfahrungen zu vermitteln. Dabei können Spielzeuge gezielt eingesetzt werden. Die diesbezüglichen Warenangebote sind heute für Laien unüberschaubar geworden. Es lag deshalb auf der Hand, eine kleine übersichtliche Spielzeugauswahl unter entwicklungspädagogischen Gesichtspunkten zusammenzustellen. Das vorliegende Buch wurde von einer erfahrenen Heilpädagogin zusammengestellt und nach den folgenden Funktionsbereichen gegliedert:

1. Optische Wahrnehmung (das Gesehene unterscheiden)
2. Handgeschick (Zusammenspiel von Auge und Hand)
3. Körpergeschick (allgemeine Bewegungskontrolle)
4. Sprache (gute Aussprache und Wortfindung)
5. Akustische Wahrnehmung (Hörfähigkeit und Wortverständnis)
6. Gefühlsentwicklung und Sozialität (mit anderen in Verbindung treten)

In jedem einzelnen Bereich lohnt es sich, gezielte Spielangebote bereitzustellen. Das gilt besonders in den ersten drei Lebensjahren und natürlich umso mehr für entwicklungsrückständige oder behinderte Kinder. Dabei spielt es auch keine Rolle, dass ein vollkommen isoliertes Üben einer einzigen Sinnes- oder Bewegungsfunktion niemals ganz streng durchgeführt werden kann. Jede spielerische Tätigkeit stellt immer ein lebendiges Ganzes dar, bei dem Informationen aus der Umwelt aufgenommen, verarbeitet und über entsprechende Handlungsreaktionen oder über die Sprache wieder an die Umwelt abgegeben werden.

Das Buch soll interessierten Eltern und ErzieherInnen als Leitfaden zur systematischen Entwicklungsförderung im Kindesalter dienen. Sein besonderes Anliegen ist es, eine gezielte Auswahl funktionsgeordneter Spiel- und Lernangebote zu ermöglichen.

Vorwort zur 6. Auflage

Seit Erscheinen der ersten Auflage sind 25 Jahre vergangen. Der Spielzeugmarkt ist seitdem nicht kleiner, sondern weitgehend unüberschaubar geworden. So wird die Auswahl schwer. Gute Beratung beim Spielzeugkauf ist selten und man kann den schön verpackten Dingen nicht unbedingt ansehen, ob sie das Richtige für das Kind sind.
Was aber ist das Richtige?
Immer geht es dabei um das Spiel und das Spielzeug des Kindes. Spielen bedeutet für das Kind Lernen. Jedes Kind entdeckt und erforscht seine Welt durch das Spiel. In den ersten Lebensjahren spielen Kinder mit allem, was sich in Reichweite ihrer Umgebung befindet. Jeder Gegenstand wird ergriffen, intensiv angeschaut, gedreht, zerdrückt, in den Mund genommen und beleckt. Dabei lernt das Baby sich und seine Umwelt kennen.

Entwicklung und Spielfähigkeit sind eng miteinander verbunden. Das Spiel fördert die Entwicklung des Kindes, die sich auf mehreren Ebenen vollzieht:

- die motorische Entwicklung
- die kognitive Entwicklung
- die emotionale Entwicklung
- die soziale Entwicklung.

Diese vier Ebenen wirken zusammen und stellen die Basis für den Entwicklungsverlauf des Kindes dar.

Um das richtige Spielzeug auszuwählen, muss man die Lernausgangssituation des Kindes kennen und um seine Vorlieben und Bedürfnisse wissen.

Manche Kinder werden durch verfrühte Spielzeuggeschenke überfordert. Das Ergebnis ist Misserfolg, Enttäuschung, Spielunlust und oft Zerstörung des Spielzeugs. Aber auch Spielzeuge, die das Kind unterfordern, führen zu Enttäuschungen und Ablehnung. Also ist auch der richtige Zeitpunkt für ein neues Spielzeug wichtig.

Ich hoffe, dass Sie in der Neuauflage meines Buches hilfreiche Hinweise zur Auswahl von Spielmaterialien erhalten. Durch entsprechende Förderangebote helfen Sie Ihrem Kind Freude am Spielen und Lernen zu haben.

Dezember 2004 *Helga Sinnhuber*

Einführung

Sehen wir einem Kind beim Spielen zu, so können wir beobachten, wie es mit ganzer Hingabe und Konzentration sich dem Spielgegenstand widmet. Es möchte entdecken, erforschen, ergründen, – nicht die große, weite Welt –, sondern diesen kleinen Gegenstand, mit dem es sich gerade beschäftigt.

Geistige und soziale Entwicklung vollzieht sich, indem das Kind mit Menschen und Dingen seiner Umgebung lebt. Zu jenen Dingen, an denen es seine Fähigkeiten übt, gehören auch die Spielsachen. Jedes Spielzeug, das wir dem Kind in die Hand geben, stellt ein Lernangebot dar, sofern es dem jeweiligen Entwicklungsstand entspricht.

Es wurde ein Verfahren entwickelt, in dem die Entwicklungsmerkmale zusammengestellt werden, die für alle Kinder in der jeweiligen Altersgruppe Gültigkeit haben.* Anhand eines so genannten Entwicklungsgitters können sich Eltern und Erzieher darüber informieren, was ein Kind in welchem Alter können sollte. Es zeigt aber auch, wo Entwicklungsverzögerungen und Behinderungen vorliegen und ermöglichst es somit, dass diese frühzeitig erkannt werden.

Den Eltern und Erziehern fällt nun die Aufgabe zu, ihrem Kind zu gegebener Zeit spielerisch das richtige Angebot zu machen. Die Spielangebote sollen in allen Bereichen der kindlichen Entwicklung erfolgen. Dabei kann es sich in der Praxis ergeben, dass gewisse Schwerpunkte im Angebot gesetzt werden. Der Spielwarenmarkt ist heute schwer überschaubar geworden. Denen, die auf der Suche nach geeignetem Spiel- und Lernmaterial sind, möchte diese Zusammenstellung Wegweiser und Hilfe bei der Auswahl sein.

Bei den Übungsvorschlägen und Spielmaterialien beziehen sich die angegebenen Altersangaben auf das Entwicklungsalter. Bei einem sich normal entwickelnden Kind sind Lebensalter und Entwicklungsalter identisch (gleich). Dagegen wird ein etwa 6jähriges, entwicklungsgestörtes Kind möglicherweise ein Entwicklungsalter von nur 4 Jahren haben. Das bedeutet, dass es gemäß seiner Entwicklungsverzögerung die Lernangebote für Vierjährige benötigt und nur diese verstehen und annehmen kann.

Die individuelle Spielbreite in der Entwicklung lässt ein Kind auch die eine oder andere Funktion früher bzw. später erreichen. Es wird dann vielleicht

* Kiphard: „Wie weit ist ein Kind entwickelt?“, verlag modernes lernen, Dortmund
Sinnhuber: „Sensomotorische Förderdiagnostik“, verlag modernes lernen, Dortmund

eine im Entwicklungsgitter weit über sein Lebensalter eingestufte Leistung schon können, während es in einem anderen Funktionsbereich noch entwicklungsmäßig zurückliegen kann. Hier spielen Begabung und Anregungen durch die Umwelt eine Rolle. Gerade im vorschulischen Altersbereich kommt es vor, dass ein Kind manches noch nicht kann, wenn es keine Übungsgelegenheit hatte.

Nimmt ein Kind trotz wiederholter Angebote bestimmte Übungen nicht an, so liegen vielleicht Entwicklungsverzögerungen vor. In diesem Fall sollten Sie eine Fachberatung (Arzt, Erziehungsberatungsstelle) in Anspruch nehmen. Dort werden mögliche Ursachen erkannt und entsprechende Therapiemaßnahmen eingeleitet.

Bei der Durchsicht der Spielmaterialien werden Sie vielleicht das eine oder andere Spielzeug vermissen. Es ist einfach nicht möglich, alle im Handel angebotenen Spielzeuge zu katalogisieren.

Es ist jedes Mal der Hersteller des Materials genannt. Versuchen Sie, über ein Spielwarengeschäft oder ein entsprechendes Fachgeschäft unter Angabe der herstellenden Firma an die betreffenden Materialien heranzukommen. Auch wird Ihnen der Kindergarten Auskunft geben, wo Sie diese Materialien beziehen können. Sicher wäre es falsch verstanden, durch ein Überangebot von Spielen den Anspruch des Kindes auf Förderung zu erfüllen. Weniges, gezielt ausgesucht, erfüllt schon allein diesen Auftrag.

Das besondere Anliegen dieses Buches ist es, die ersten Jahre im Leben des Kindes zu nützen, um vorhandene Anlagen und Fähigkeiten zu wecken und zu fördern.

Das Spielverhalten des gesunden Kindes gilt dabei auch als Lernziel für das behinderte Kind. Allerdings müssen hier die einzelnen Lernschritte kleiner gehalten werden. Für schwer behinderte Kinder werden gelegentlich Sonderspielsachen nötig sein, auf die hier nicht eingegangen werden kann.

Zur Arbeit mit diesem Buch

Jedem Kapitel ist eine grafische Darstellung vorangestellt, die Auskunft geben will, ab wann die einzelnen Fähigkeiten gefördert werden sollten.

Die jedem Kapitel angeschlossene Materialübersicht stellt nur eine Auswahl dar und kann durch zeitbedingte technische Fortentwicklung in ähnlicher oder neuer Form auf dem Markt sein.

1. Förderung in der optischen Wahrnehmung

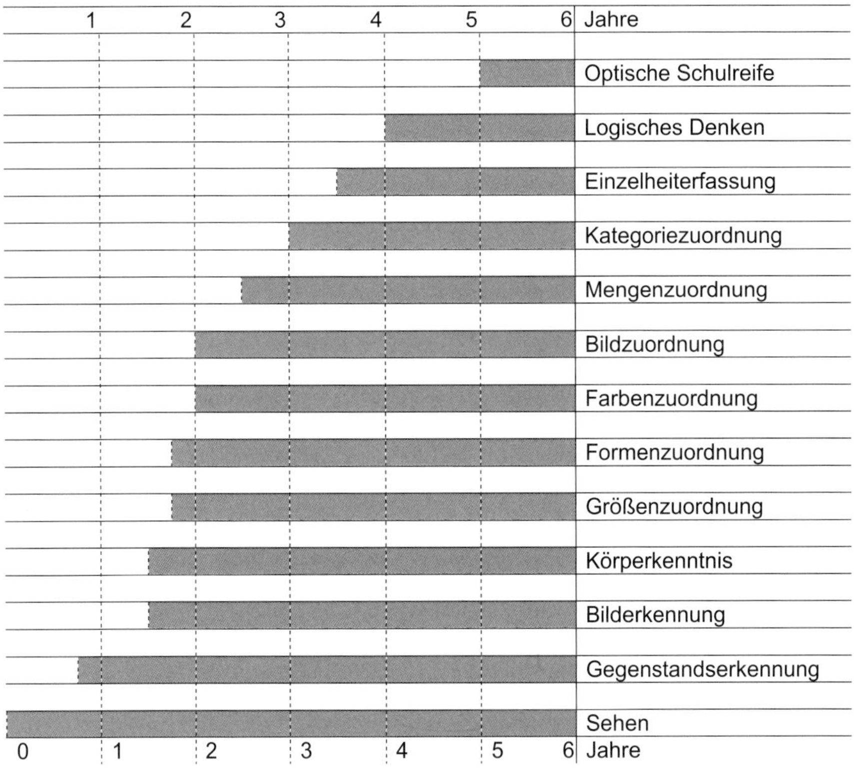

1.1 Sehen

Das Neugeborene unterscheidet hell und dunkel, Umrisse und wahrscheinlich auch ausgeprägte Farbunterschiede. Das Sehen ist unscharf. Es beachtet in den ersten Lebenstagen nur jene Dinge, die sich in 10 – 20 cm Entfernung befinden.

Doch schon nach wenigen Wochen beginnt das Baby seine Augen auf etwas Bestimmtes zu richten. Es betrachtet einen Gegenstand in der Nähe (fixiert) und verfolgt ihn auch über eine kurze Distanz (Abb. 1). Eine Lichtquelle beobachtet es mit staunendem Gesichtsausdruck. Wenn es die Mutter oder eine andere Person sieht, antwortet es mit einem Lächeln.

Mehr und mehr gewinnt auch die Funktion des Greifens an Bedeutung und unterstützt die visuelle Wahrnehmung. Die Händchen holen das Spielzeug heran, damit es besser gesehen und untersucht werden kann.

Mit etwa 6 Monaten ist das Auge soweit geschult, dass auch etwas sehr Kleines, z.B. ein Krümel oder eine Rosine auf dem Tisch, wahrgenommen wird.

Je aufmerksamer ein Kind seine Umwelt betrachtet, umso mehr Möglichkeit hat es, Lernangebote aus seiner Umwelt wahrzunehmen.

Wie kann gefördert werden?

Entwicklungsalter: ab Geburt

- Geben Sie den Augen Ihres Kindes immer etwas Buntes, Bewegtes anzuschauen. Ein Baby, das nur weiße Betten, weiße Wände im Zimmer zu sehen bekommt, wird niemals bewegliche und aufmerksame Augen bekommen.
- An den Seiten des Kinderbettchens wird abwechselnd etwas Buntes aufgehängt, z.B. ein roter Waschlappen, ein grünes Taschentuch oder ein blaues Band.
- Ziehen Sie Ihrem Kind farbige Strampelhöschen und Söckchen an. Sie wecken damit seine Aufmerksamkeit, wenn es mit Beinen und Armen spielt.

Abb. 1

- Viel Anregung bietet ein buntes Mobile über dem Bettchen. Das Kind wird seine sanften Bewegungen verfolgen und hat somit etwas zum Schauen und Beobachten.
- Tragen Sie Ihr Kind häufig im Zimmer umher, damit es immer Neues zu sehen bekommt, aber auch bekannte Dinge aus einem anderen Blickwinkel betrachten kann. Dabei sprechen und erklären Sie alles, was Sie zeigen. Siehe Kap. 3.1, Seite 95.

- Lassen Sie das Baby am Leben und Treiben der Umwelt als „Zuschauer“ teilnehmen. Es soll z.B. bei gemeinsamen Mahlzeiten die ganze Familie sehen und beobachten können.
- Wenn Sie den Kinderwagen in den Garten stellen oder damit spazieren fahren, üben die vom Wind bewegten Blätter und Zweige immer aufs Neue Anziehungskraft aus.
- Betrachten Sie mit Ihrem Kind gemeinsam einen Gegenstand, indem Sie ihn möglichst oft vor seinen Augen drehen und wenden.
- Im Bettchen des Kindes sollte immer etwas zum Schauen und Greifen liegen. Erstes Spielzeug sollte aus verschiedenen Materialien, z.B. aus Holz, Metall oder Plastik gefertigt sein, damit die Hände die unterschiedliche Qualität betasten können.
- Das Neugeborene nimmt seine ersten Eindrücke hauptsächlich über die Haut auf, und so stellt das „In-den-Mund-nehmen“ eine wichtige Lernerfahrung dar. Lecken, Saugen und Tasten sind erste Kontakte zu Dingen und Menschen. So hat auch das Stillen eine wichtige Bedeutung. Der Säugling spürt die Wärme und Weichheit der mütterlichen Brust und erlebt die erste positive Begegnung mit einem Menschen.

Material: **Bezeichnung**	**Beschreibung**	**Hersteller**
	Kinderwagenkette	
	Farbenfrohe Spielzeuge werden am Bettchen oder Kinderwagen befestigt. Das Baby hat Spaß am Greifen, Schieben und Klappern. Alles, was sich in seiner unmittelbaren Nähe bewegt, wird mit den Augen verfolgt. Die Wagenkette sollte nur verwendet werden, so lange das Baby noch nicht aufstehen kann. Es könnte sich sonst darin verfangen.	
Trapino	Ein bunter, fröhlich aussehender Reitersmann mit Pferd.	Selecta
Pecorella	Ein Schäfer und 2 Schäfchen mit Glocke.	Selecta
Volini	Bunte Vögel auf der Schnur.	Selecta
Brumm	3 kleine Bären schauen das Baby an. Wenn sich die Kette bewegt, spielen um die Arme der Bären noch zwei Ringe.	Haba

Material: Bezeichnung	Beschreibung	Hersteller
Tut-Tut	An der Wagenkette bewegen sich 2 Autos mit kleinen Männchen.	Haba
Knirpse	Eine bunte Wagenkette mit Zwergen, Glöckchen und Kugeln.	Haba
Bären	Kleine und größere Bären mit Glöckchen.	Selecta
Entchen-Kette	3 gelbe Holzenten und Glöckchen auf einer Schnur.	Meistergilde
Zwergen-Kette	3 Zwerge, Kugeln und Glöckchen zum Schauen und Bewegen.	Meistergilde
	Wagenmobile	
	Mit einem praktischen Baby-Clip kann das Mobile am Kinderwagendach oder am Bettchenhimmel festgemacht werden.	
Drago	An einem runden Holzring hängt ein lustiger Drache, und 2 blaue Wölkchen bewegen sich mit.	Selecta
Rupetta	An einem Holzring hängt spiralenförmig eine Raupe aus bunten Kugeln.	Selecta
Pascola	An einem Holzring bewegen sich ein Schäfer und 3 Schäfchen.	Selecta
	Mobiles zum Aufhängen im Zimmer	
Träumerle-Mobile	Auf einer weißen Wolke sitzt ein Kind. Dazu bewegen sich der Mond und 2 Sterne.	Meistergilde
Wolke-Mobile	Große und kleine Schäfchenwolken, 2 gelbe Sterne und ein Mond begleiten das Kind in den Schlaf.	Meistergilde
Lagoretta	Leise fahren 4 kleine Schiffchen, eine gelbe Sonne und eine Wolke.	Selecta
Volabella	Gleich 5 bunte Vögelchen werden durch den kleinsten Windhauch bewegt.	Selecta
Bären	Ein bäriges Windspiel: 4 kleine Bären schweben an lustigen Fallschirmen.	Selecta
Elefanten	Das Elefanten-Mobile ist ein Blickfang im Kinderzimmer.	Selecta
Clowns	Ein Lufthauch genügt, um die Clowns zum Tanzen zu bringen.	Selecta
	Erlebnisspielzeug	
	Wenn das Baby auf der Krabbeldecke liegt, wird ein aus Holz oder Plastik gefertigtes Bogenelement so in Reichweite über das Kind aufgestellt, dass es mit den daran hängenden Kugeln, Glocken oder Ringen spielen kann.	

Material: Bezeichnung	Beschreibung	Hersteller
Activo	Höhenverstellbares Trapez (70 x 44 x 49 cm)	Selecta
Musica mit Spieluhr	Zieht das Baby am mittleren Greifring das freche Mäuslein her, so wird es mit einer Melodie aus der Spieldose belohnt. (60 x 60 x 51 cm)	Selecta
Musina	3 kleine Spielzeuge zum Greifen. (60 x 60 x 51 cm)	Selecta
	Rasseln und Beißringe	
	Rasseln und Beißringe müssen handlich und leicht sein. Ringförmiges Greifspielzeug eignet sich am besten.	
Rasselbälle	5 farbige glatte Kugeln sind an einem stabilen Beißring befestigt.	Brio
Schlüsselbund	4 gelb, rot, grün und blaue Schlüssel an einem Beißring.	Brio
Bären-Rassel	Ein Beißring mit niedlichem Teddygesicht.	Brio
Knabberbär	Ein Spielzeug zum Rasseln, Saugen, Beißen und Befühlen.	Brio
	Spielzeug zum Beobachten und Staunen	
Hampelmann Circo	Ein bunter Clown aus Sperrholz, farbig lackiert. (21 cm)	Selecta
Klettermax mit Leiter	Der Klettermax wird auf die Leiter gesetzt und bewegt sich langsam purzelnd nach unten.	Beck
Klabastermännchen	Senkrecht klettert es nach unten bis zur letzten Sprosse.	Beck
Seifenblasen	In verschieden großen Packungen erhältlich.	Pustefix
Musik-Clown	Für kleine Ohren sind weiche Klänge am angenehmsten und lassen die Kleinen sanft einschlafen. Wenn an der Schnur des Clowns gezogen wird, ertönt ein Wiegenlied.	Brio
Laufbahn mit 4 bunten Autos	Kugelbahn mit Autos statt Kugeln. Autos aus Holz farbig lackiert und einzeln erhältlich.	Beck
Kletterspecht klein und groß	Klettert klopfend die Stange herunter. Ein Spaß nicht nur für Kinder. Länge der Metallstange 35 cm und 60 cm.	Beck

1.2 Gegenstandserkennung

Gegen Ende des ersten Lebensjahres greift das normal entwickelte Kind schon recht zielsicher nach Gegenständen. Es langt nach der Flasche, untersucht Spielzeuge mit Mund und Händen und erkennt bestimmte Dinge und Personen seiner Umgebung wieder. Will man ihm ein Spielzeug wegnehmen, so lässt es dieses nicht los und reagiert unmutig, wenn es trotzdem geschieht.

Das Kind hat in dieser Zeit auch schon begriffen, dass Dinge, die mit einem Tuch zugedeckt sind, noch da sind, auch wenn man sie nicht sieht. Das ist in der geistigen Entwicklung des Babys ein großer Schritt. Es hat damit die Fähigkeit erworben, sich etwas vorzustellen und sich daran zu erinnern, auch wenn es im Augenblick gar nicht zu sehen ist.

Das Kind experimentiert aktiv. Es begnügt sich nun nicht mehr damit, bekannte Handlungen zu wiederholen, sondern es variiert und erweitert sie. So zieht es an einer Schnur ein daran befestigtes Spielzeug zu sich heran. Es zieht auch an der Tischdecke, um an einen Gegenstand heranzukommen, oft zum Leidwesen der Mutter. Grund ist eben seine erwachende Entdeckungsfreude. Das Kind kennt seine nähere Umwelt inzwischen schon recht gut und ist auch in der Lage, gleiche Gegenstände einander zuzuordnen und von andersartigen zu unterscheiden.

Wie kann gefördert werden?

Entwicklungsalter: ab 15 Monate

- Bei den Zuordnungsspielen benötigt man von allen Dingen, die das Kind zuordnen soll, zwei Stück: 2 Bälle, 2 Autos, 2 Bauklötze, die sich alle in Größe, Farbe und Form völlig gleichen müssen.

  Das Kind kann sich dabei frei im Raum bewegen. Sie haben von den Spielgegenständen ein Stück in einem Korb oder auf dem Tisch liegen, und das andere Stück liegt irgendwo am Boden. Nun hält die Mutter vielleicht den Ball aus dem Korb hoch, blickt auf den zweiten Ball im Raum und fordert das Kind auf, diesen zu bringen. Hat das Kind die Aufgabe nicht verstanden, so holt sie den anderen Ball und legt die beiden Bälle nebeneinander. Das Kind soll dadurch erkennen, dass beide Bälle völlig gleich sind.

- Zuordnungsspiele dieser Art machen den Kindern viel Freude. Dabei ist es ratsam, in das verwendete Spielmaterial viel Abwechslung zu bringen. Gut eignen sich:

Löffel, Plastiktassen und Plastikteller, Klammern, Schuhe, Söckchen, Waschlappen, Äpfel, Spiel- und Sandkastenmaterial.

- Als Erweiterung dieses Spieles könnten folgende Zweiersortierübungen durchgeführt werden:
  In einem Karton befinden sich große Perlen und gleich aussehende Bauklötze. Der Erwachsene hat zwei kleine Behälter daneben gestellt und legt in ein Gefäß die Perlen, ins das andere die Bauklötze (Abb. 2). Hat das Kind die Aufgabe erfasst, darf es selbst die restlichen Dinge in den vorgesehen Behälter sortieren.
  Die Aufgabe kann ab 2 Jahren auf drei oder mehr Unterschiede erweitert werden.

Abb. 2

Material: Bezeichnung	**Beschreibung**	**Hersteller**
Mein erstes Auto	Ein fröhlich gelber Spielgefährte. Wenn das Auto rollt, bewegen sich die Augen. Ein roter Knopf auf dem Auto ist die Hupe.	Brio
Ted der Taxifahrer	In einem roten Auto sitzt ein kleiner Teddy aus weichem Frottee, der herausgenommen werden kann.	Brio
Max der Hund	Ein Nachziehtier. Max wackelt mit dem Kopf, bellt und wedelt mit dem Schwanz.	Brio

Material: Bezeichnung	Beschreibung	Hersteller
Autopino	Schiebeauto aus Holz. Eine Maus am Steuer. Eine „Quietsche“ unter der Hinterachse sorgt für das passende Fahrgeräusch.	Selecta
Auto	Das Baby schiebt dieses Auto an und krabbelt hinterher. Ein pfiffiger Fahrer sitzt im Auto und kann herausgenommen werden.	Brio
Stapelwagen	Zu diesem Wagen gehören 3 stapelbare, mit Magneten versehene Ringe zum Aufstecken.	Brio
Ballwagen	Wenn der Wagen fährt, bewegt sich darin ein Ball.	Brio
Entenwagen	Wenn die Ente geschoben wird, bewegen sich die Flügel.	Brio

1.3 Bilderkennung

Im ersten Lebensjahr hat das Kind die Fähigkeit erworben, eine Reihe von Gegenständen seiner Umwelt zu unterscheiden. Nun beginnt es, die Eindrücke der Wirklichkeit auf Abbildungen zu übertragen. Es erkennt im Bilderbuch seine Umwelt wieder (Abb. 3). Die ersten Bilder sollten Gegenstände seiner näheren Umgebung sein, z.B. Teddy, Ball, Flasche, Puppe und Löffel. Das heißt, die ersten Abbildungen sollen aus dem unmittelbaren Interessenkreis und Erlebnisbereich des Kindes kommen.

Abb. 3

Den Teddy kann man in die Hand nehmen. Im Bilderbuch findet es den Teddy wieder. Hier entwickelt sich ein Lernvorgang: von der Dreidimensionalität zur Zweidimensionalität.

Wie kann gefördert werden?

Entwicklungsalter: ab 17 Monate

- Das Kind soll im Bilderbuch Gegenstände seiner näheren Umwelt wieder erkennen können. Auf einer Bildseite soll nur ein Gegenstand abgebildet sein und zu dem Erlebnisbereich des Kindes gehören. Die Darstellung sollte nicht zu klein, in klaren, deutlichen Grundfarben und in seinen Grundformen erkennbar sein, ohne viele Details. Es soll nun den betreffenden Gegenstand zum Bild legen. Dazu muss der Gegenstand mit dem Bild zunächst völlig identisch sein.
- Das erste Bilderbuch kann auch selbst hergestellt werden, indem aus Katalogen, Prospekten oder Zeitschriften entsprechende Bilder auf Pappe aufgeklebt werden.

Erste Bilderbücher: Bezeichnung	Beschreibung	Verlag
Monika Neubacher-Fesser Meine Sachen	Leporellobuch mit einem kleinen Guckloch auch zum Finger Durchstecken.	Ravensburger
Monika Neubacher-Fesser Meine Tiere	Leporello mit Tieren vom Bauernhof und einem extra Durchguck-Spaß.	Ravensburger
Georgia Das ist meins	Bilder aus der Umgebung des Kindes. Dazu gibt es eine durchsichtige Greifrassel mit 10 bunten Kugeln.	Ravensburger
	Pappbilderbücher	
Monika Neubacher-Fesser / Rosemarie Künzler-Behncke Ich bin jetzt 1	Ein kleiner Junge feiert Geburtstag und packt ein großes Paket aus. Durch ein Register gut greifbare Seiten.	Ravensburger
Clara Suetens / Rosemarie Künzler- Behncke Ich bin jetzt 2	Tom feiert seinen 2. Geburtstag. Er bekommt einen Bauernhof mit vielen Tieren geschenkt. Durch ein Register gut greifbare Seiten für die Kleinen.	Ravensburger
Monika Neubacher-Fesser / Rosemarie Künzler-Behncke Mein 1. Geburtstag	In diesem Buch feiert ein kleines Mädchen Geburtstag und entdeckt den Teddy, einen Puppenwagen und einen Kuchen.	Ravensburger
Helmut Spanner Meine ersten Sachen	Erste Bilder, die dem Kind schon durch seine Spielzeuge bekannt sind.	Ravensburger

Erste Bilderbücher: Bezeichnung	Beschreibung	Verlag
Amrey Fechner Meine liebsten Bauernhoftiere	Tierkinder vom Bauernhof verstecken sich hinter Klappen und wollen entdeckt werden.	Ravensburger
Amrey Fechner Kleine Tiere	Tierkinder aus der unmittelbaren Umgebung eines Kleinkindes.	Ravensburger
Angela Wiesner Jetzt esse ich	In diesem Leporellobuch erkennt das Kind, was es gerne isst und was zum Essen gebraucht wird.	Ravensburger
Helmut Spanner Mein Bilderbuch	Mit dem liebenswerten Bären und der Maus können die Kleinen ihre Welt erkunden. Gelb oder grün? Groß oder klein? Rund oder eckig? Eins oder viele? Ein Buch zum Blättern und Vorlesen.	Ravensburger
Hermann Wernhard Das alles kenn ich schon	20 Seiten mit vertrauten Gegenständen von zu Hause. Die klaren Bilder erleichtern das Erkennen und motivieren zum Nachsprechen der ersten Wörter.	Ravensburger
Helmut Spanner Erste Bilder – Erste Wörter	Ein Pappbilderbuch-Klassiker, der bei allen Kleinkindern beliebt ist.	Ravensburger

1.4 Körperkenntnis

Mit zu den ersten Lernerfahrungen eines Kindes gehört die Kenntnis seines Körpers. Es entdeckt seine Hände, seine Füße, die Nase, die Ohren. Etwas später kann es diese Teile auch an anderen Personen oder an Puppen wieder erkennen (Abb. 4).

Abb. 4

Nach dem vierten Lebensjahr sollte ein Kind auch die räumliche Anordnung und die Bewegungsmöglichkeit seiner Körperteile kennen und grob wiedergeben können. Ein vierjähriges Kind malt ein Männchen, das nur aus Kopf, Armen und Beinen besteht.

Bis zum Schuleintritt sollte es in der Lage sein, die menschliche Figur mit ca. zehn Teilen wiederzugeben. Viele Kinder wissen heute sehr genau über Autos Bescheid, aber ihren eigenen Körper kennen sie zu wenig. Wie viel Unerklärliches und Geheimnisvolles geschieht mit diesem Körper? Beim Laufen kommt man außer Atem, und es klopft das Herz. Wenn es warm ist, schwitzt man beim Herumtollen und vieles andere mehr.

Wie kann gefördert werden?

Entwicklungsalter: ab 18 Monate

- Schon in den ersten Monaten macht die Mutter das Kind mit seinem Körper vertraut, indem sie die Füße beim Wickeln durch Anheben deutlich vorzeigt oder auf Ohren, Augen, Nase aufmerksam macht und so erste Körperkenntnisse vermittelt.
- Spiele vor dem großen Spiegel sind faszinierend schon für kleine Kinder. Sie erweitern die eigene Körpererfahrung. Auch ein kleinerer Spielspiegel, z.B. ein Spiegelball kann dem Kind angeboten werden.
- Puppen können dem Kind etwa ab 2 Jahren mit sehr einfacher Kleidung zum An- und Ausziehen gegeben werden. Anspruchsvolle und empfindliche Puppen, die auch lange Haare haben, sind mehr für das ältere Kind geeignet.
- Später, ab etwa 4 Jahren, kann ein „Körperschema-Männchen“ aus Pappe herstellt werden. Bauch, Kopf mit Hals, Arme und Beine werden aufgemalt und so ausgeschnitten, dass das Kind die Körperteile auch einzeln gut erkennen kann. Dieser Papp-Mensch wird dann zusammengefügt (Abb. 5).

  So lernt das Kind über seine Beobachtung das Schema der menschlichen Figur kennen. Später bemüht es sich, die wahrgenommene Figur durch Malen mehr und mehr auch wiederzugeben (Abb. 6).
- Als gemeinsames Handeln kann folgendes Spiel durchgeführt werden: Vater oder Mutter zeichnen Menschen auf Papier oder auf eine Tafel, einen Körperteil nach dem anderen, wobei das Kind den Körperteil, welcher gerade gezeichnet wird, bei sich selbst berühren soll. Auch kann es angeben, was als nächstes gemalt werden muss. Nach dem Kopf kommt der Hals, dann kommt der Rumpf usw.. Die Vervollständi-

gung einer nicht ganz zu Ende gezeichneten menschlichen Figur oder eines Gesichtes macht den Kindern ebenfalls viel Freude.

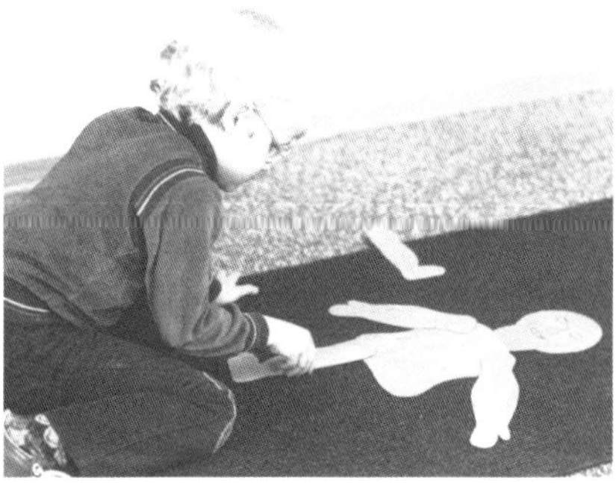

Abb. 5

Abb. 6

Material: Bezeichnung	**Beschreibung**	**Hersteller**
Puppen	Babypuppen, Anziehpuppen, Badepuppen; Puppen zum Liebhaben, Spielen und Lernen.	Versch. Hersteller
Spiegelfünfeck	5 bunte Dreiecke sind miteinander verbunden und können als Reihe auf dem Fußboden aufgestellt werden. So bietet der Spiegel viele Möglichkeiten, sich von allen Seiten und aus den unterschiedlichsten Blickwinkeln zu betrachten. Eine aufregende Herausforderung für das auf dem Boden liegende Kleinkind. Material: Hygienischer Planenstoff mit Schaumstoffeinlage und bruchfesten Kunststoffspiegeln.	Eibe
Spiegelball	Ein weicher Ball mit sanftem Rasselgeräusch. Der Ball besteht aus 2 Hälften und kann aufgeklappt werden. Im Inneren sind ein fröhliches Gesicht und ein unzerbrechlicher Spiegel.	Brio
Spiegelwürfel	Dieser Spiegel weckt großes Interesse, weil er durch eine Würfelform zum ständigen Drehen und Wenden anregt. Größe 30 x 30 x 30 cm. Planenstoff mit Schaumstoffeinlage und bruchfesten Kunststoffspiegeln.	Eibe
Spiegelfliesen	Diese können am Wickeltisch oder in einer Spielecke angebracht werden.	Baumarkt

Material: Bezeichnung	Beschreibung	Hersteller
Fotokarten-Körperteile	Jungen und Mädchen in verschiedenem Alter und verschiedener Hautfarbe zeigen auf Körperteile, die benannt werden sollen. Das Vorschulkind kann die Körperhaltung auf dem Bild auch schon nachahmen.	Schubi
Zahnputzspiel	Ein Lernspiel rund ums Zähneputzen. Mit großen Zahnputzhasen, 2 Spielzahnbürsten und einem Zahnputzlexikon.	Haba
	Bücher	
Doris Rübel Wir entdecken unseren Körper	Was geschieht in unserem Körper? Themen wie Atmung, Knochen, Muskeln, Blut, Ernährung werden dem Kindergartenkind anschaulich nahe gebracht. Über Klappen und Stanzungen bekommen sie Einblicke in wichtige Körperfunktionen.	Ravensburger
Emilie Beaumont Das wollen Kinder über den Körper wissen.	Über 400 typische Kinderfragen rund um den menschlichen Körper beantwortet dieses Buch. Viele schöne Bilder und erstaunliche Informationen helfen den Kindern, ihren Körper besser zu verstehen.	Fleurus
Dagmar Geisler Ohren, Nase, Bauch, das hab ich auch!	Der eigene Körper ist für Kleinkinder höchst interessant. Die Namen der Körperteile, die 5 Sinne, das Thema „Wachsen" und der Unterschied zwischen Jungen und Mädchen werden in diesem Buch auf altersgerechte und spielerische Weise dargestellt. In dem Buch ist auch ein Spiegel.	Oetinger
Anna Russelmann Neues aus der Milchzahnstraße	Dieses lustige und zugleich lehrreiche Buch zeigt den Kindern, wie wichtig es ist, die Zähne zu putzen.	Neugebauer

1.5 Größenzuordnung

Die Fähigkeit zur Größenerkennung und –unterscheidung sollte ein Kind lange vor dem Schuleintritt beherrschen. Das ist grundlegend wichtig, damit später im Rechenunterricht Mengenunterschiede begriffen werden können. Der erste Schritt zu dieser Fähigkeit besteht darin, zwischen groß und klein, dick und dünn, kurz und lang unterscheiden zu können.

Im Alter von 5 – 6 Jahren soll das Kind dann in der Lage sein, zehn verschiedene Gegenstände der Größe nach zu ordnen.

Wie kann gefördert werden?

Entwicklungsalter: ab 18 Monate

- Fangen Sie mit Sortierübungen an. Als Material eignen sich kleine und große Gegenstände, die in Farbe und Form gleich sind, dafür aber sehr unterschiedlich in der Größe, z.B. Teelöffel und Esslöffel, Kinderschuhe und Erwachsenenschuhe.
  Das Kind legt alle kleinen Löffel zusammen und alle großen Löffel, oder: hier kommen alle kleinen Schuhe hin, und dort stehen alle großen Schuhe.

- Vom Sortieren zweier unterschiedlicher Größen geht das Kind sehr viel später zu drei oder mehr Größenunterscheidungen über. D.h., es legt z.B. drei oder vier verschiedene Löffel von klein bis groß in eine Reihe.
  Das gleiche Spiel kann mit mehreren Tassen, Schüsseln, Töpfen, Deckeln, Kochlöffeln, Türmen aus Legosteinen, Trinkhalmen, Bleistiften usw. durchgeführt werden. Der Haushalt bietet eine Fülle von Möglichkeiten.

- Spiele mit den Baubechern (Abb. 7)
  Nicht den ganzen Bausatz dem Kind anbieten, sondern zunächst nur den kleinsten und den größten, später einen von der mittleren Größe hinzunehmen usw. Die Becher stehen mit den Öffnungen nach oben nebeneinander auf dem Tisch. Sie stellen diese nun betont langsam ineinander, so dass das Kind Sie dabei beobachten kann. Dann darf es selbst probieren und die drei Becher ebenfalls ineinander stellen. Wird

Abb. 7

diese Aufgabe gekonnt, ordnen Sie mehrere Baubecher der Größe nach als „Zug“ in eine Reihe. Dann stülpen Sie einen über den anderen, so dass zum Schluss alle bis auf einen verschwunden sind (zuerst den kleinen verschwinden lassen, dann den zweiten usw., der Große bleibt als letzter übrig). Die Baubecher können auch aufeinander gestellt werden. Dabei entsteht ein großer Turm, der dann umgeworfen werden kann.

Material: Bezeichnung	Beschreibung	Hersteller
Baubecher	5 gelbe, rote und blaue Becher in der Größe 6 – 15 cm zum Ineinanderstecken.	Brio
Baubecher	8 Becher in den Farben gelb, blau, rot und grün. Sie lassen sich stapeln und ineinander stecken.	Fisher-Price
Baubecher	10 verschieden große Becher aus Kunststoff können aufeinander oder ineinander gesetzt werden.	Ambi Toys
Steckspiel	Massives Buchenbrett mit 25 Walzsteckern in 5 Größen und 5 Farben. Nach Größe können die Stecker angeordnet werden.	Dusyma
Bambini Würfelturm	6 farbige, unterschiedlich große Würfel aus Holz, die alle ineinander passen. Der größte Würfel ist 9,3 x 9,3 x 9,3 cm.	Dusyma
Matrjoschka	Puppe in der Puppe. Verschiedene Puppen können von klein bis groß ineinander gesteckt werden.	Russisches Erzeugnis
„Eibe“ Steckbrett	Ein Steckbrett aus 5 x 5 Walzensteckern. Stärke der Stecker 3 cm in verschiedenen Größen und Farben. Die griffigen Walzen sind für kleine und behinderte Kinder gut geeignet.	Eibe
Zehnerholzstäbchen	Holzstäbe in 10 Farben von 1 cm bis 10 cm Länge. Zur Größenkenntnis und zur Mengenerfassung.	Eibe
Farbige Steckkegel	Der Führungsstab in der Mitte ermöglicht das Aufstecken von bunten Holzringen in 10 verschiedenen Größen.	Eibc
Regenbogenturm	Bunte Scheiben im Durchmesser von 4 – 10 cm in den Regenbogenfarben werden zu einem Turm gesteckt.	Haba
Treppensteckbrett	Massives Buchenbrett mit 25 Walzensteckern in 5 Größen und Farben.	Haba
Zylinder Sortierbrett	10 Zylinder aus Vollholz sollen der Größe nach von dick bis dünn in das Steckbrett einsortiert werden.	Widmaier

Material: Bezeichnung	Beschreibung	Hersteller
Steckmaus „Grüni“	Eine Riesenmaus aus Holz mit 14 großen, handlichen Teilen. In der richtigen Reihenfolge in die Steckleiste gebracht ergibt sich die Form einer Maus.	Widmaier

1.6 Formenzuordnung

Die Formenkenntnis ist eine elementare Voraussetzung, die das Kind benötigt, um sich zu orientieren. Eine gute Formenauffassung ist ebenfalls beim Schuleintritt von großer Bedeutung.

Lesen, Schreiben und Rechnen haben als Vorbedingung die Formenkenntnis und -wiedergabe. Daher sollte ein Kind, wenn es eingeschult wird, verschiedene Formen wieder erkennen oder in Einzelheiten zerlegte Formen (wie es durch Puzzle-Spiele geübt wird) wieder in ihrer Grundform zusammenfügen können.

Wie kann gefördert werden?

Entwicklungsalter: ab 18 Monate

- Spiel mit der Formenbox: Ein beliebtes Spielzeug für ein Kleinkind ist die Formenbox (Abb. 8). Hier macht es schon unbewusst Erfahrungen mit unterschiedlichen Formen, indem es das viereckige Klötzchen nicht in die runde Öffnung stecken kann. Das Kind wird nach dem Prinzip Versuch-Irrtum erste Lernerfahrung damit machen. Daher sollte am Anfang die Formenbox nicht mehr als 3 Öffnungen haben. So findet es eher die richtige Einsteckmöglichkeit.

Abb. 8

Entwicklungsalter: ab 2 Jahre

- Einsatz von Spielbrettern: Es gibt verschiedene Ausführungen im Spielwarenhandel. Dieses sind meist Holzbretter mit 6 – 8 Motiven, die mit einem Stöpsel zum Anfassen versehen sind und neben der Formerfassung auch den Pinzettengriff mit Daumen und Zeigefinger trainieren (s. Kapitel 3.2 „Pinzettengriff“, Seite 98).

  Zu Beginn wird das Kind ausprobieren, wo die einzelnen Teile hineinpassen. Allmählich werden Sie beobachten können, wie es genauer hinschaut und das einzelne Stück mit der Form im Brett vergleicht.

Entwicklungsalter: ab 4 Jahre

- Im Umgang mit alltäglichem Spielmaterial (Bauklötze, Würfel, Klicker) begegnen dem Kind ständig geometrische Formen. Auch mit diesen Dingen können Spiele entwickelt werden, bei denen Formen wieder erkannt werden sollen.

- Sehr gerne mögen Kinder Puzzle-Spiele. Die Grundform eines Bildes ist dabei in viele kleine Teile zerlegt und wird dann wieder zusammengefügt. Bei diesen Zusammensetzspielen werden neben der Formerfassung, Ausdauer und Konzentration geübt; doch ist es wichtig, dem Kind seinem Können angemessene Spiele zu geben, d.h. es muss die Anzahl der Teile übersehen können.
  Erste Puzzle-Spiele lassen sich leicht selbst herstellen, indem Postkarten, Abbildungen aus Zeitschriften oder Katalogen beliebig oft, jedoch nicht zu klein, zerschnitten und vom Kind wieder zusammengesetzt werden.

  Bei der Didacta-Puzzle-Serie sind die Konturen der kleinen Bildteile auf einer Papplage deutlich gemacht und erleichtern dem Kind das Auffinden eines Puzzles.

Material: Bezeichnung	**Beschreibung**	**Hersteller**
Farben und Formen	Formenbox mit 3 Einstecklöchern (Viereck, Dreieck, Kreis). Diese stabile, verschließbare Box enthält 2 bunte Einstecksätze.	Brio
Sortierbox	Stabiler Holzkasten mit 4 Öffnungen zum Einstecken.	Brio
Vollformen-Einlegebrett	Bei diesem Einlegespiel muss die richtige Form in die entsprechende, im Einlegebrett eingelassene Form eingesetzt werden. Einlegebrett und 9 Formen aus Holz.	Widmaier

Material: Bezeichnung	Beschreibung	Hersteller
Geometrisches Steckbrett	16 farbige Elemente in jeweils 4 verschiedenen Formen, Farben und Größen müssen dem Steckbrett richtig zugeordnet werden. Die Klötze können auch nur nach bestimmten Eigenschaften sortiert werden.	Widmaier
Villa	Ein kleines Haus aus Holz mit vielen Einzelteilen, die herausgenommen und wieder eingesetzt werden. Form- und Größenzuordnung mit vielen Spielvarianten.	Haba
Colorama	Der Spielplan besteht aus Feldern mit verschiedenen Formen. Die Spielsteine sollen in die passenden Felder eingesetzt werden. Es wird mit einem Farb- und Formenwürfel gespielt.	Ravensburger
Zeiger dreh dich	8-eckiges Holzbrett mit Drehzeiger, der auf Formen zeigt, die gesucht werden sollen. Dazu gibt es 100 sortierte Legetäfelchen in einem Kasten. Ein FRÖBEL-Spiel, ideal zur Förderung der Formen- Farben- und Mengenkenntnis. Die Formen können auch ertastet werden.	Dusyma
Sternmosaik	Bunte Hartholzdreiecke und Rauten, Größe bis 5 cm, zum kreativen Legen von Mustern. In einem bunt bedruckten Karton sind 80 Stück.	Dusyma
Maxi-Legematerial	66 Teile in verschienen Formen und Farben im Plastikbeutel (Trapeze, Quadrate, Dreiecke, Stäbe). Zum kreativen Legen und Gestalten.	Dusyma
Hämmerchenspiel	Aus bunten Holzplättchen in verschiedenen Formen und Farben können mit einem kleinen Hammer und Nägelchen Bilder auf einer Korkplatte gestaltet werden. Anregungen geben Vorlagen oder die eigene Fantasie ist gefragt.	Ravensburger
Figurix	Auf 3 großen Holzwürfeln sind Ringe, Kreise und Figuren in verschiedenen Farben zu sehen. Die gewürfelte Kombination auf dem bunten Spielplan muss gefunden werden, z.B. blauer Fisch in rotem Kreis, eingefasst von einem gelben Ring. Gut geeignet als Gruppenspiel. Für Vorschulkinder.	Ravensburger
Bunte Formen	Ein kleiner Clown sucht bunte Formen. Auf jeder Bildkarte fehlt ihm etwas: Ein grünes Dreieck für die Trommel oder ein gelbes Quadrat für den Traktor. Die Formen müssen in einem Säckchen ertastet werden. Die Farbe ist Glücksache. Wer hat zuerst seine Bildtafel komplett?	Ravensburger

Material: Bezeichnung	Beschreibung	Hersteller
Blinde Kuh	Tastspiel. Verschiedene Formen sollen ertastet werden. Eine Maske wird aufgesetzt und dann kann gefühlt werden.	Ravensburger
mini LÜK	Lernspiele mit einfacher Selbstkontrolle.	Westermann
	Zu dem mini LÜK-System gehört ein Lösungsgerät mit 12 Aufgabenplättchen und einem durchsichtigen Spielteil. Dazu gibt es verschiedene Arbeitshefte. Das mini LÜK-Lösungsgerät kann nach der Vorschulzeit weiter im schulischen Bereich für alle mini LÜK-Übungshefte benutzt werden.	
	Arbeitshefte	
Mein allererstes LÜK-Set	Einfache Zuordnungsspiele mit Formen, Farben und Tieren. Zu diesem Set gehören 1 Lösungsgerät und 2 Arbeitshefte: Das kann ich schon. Heft 1 und 2.	Westermann
mini LÜK-Set Farb- und Formen-Quiz 1 und 2	Spiele zur Förderung der visuellen Wahrnehmung als Voraussetzung für das Lesen, Schreiben und Rechnen.	Westermann
	Puzzle	
Auf der Straße	Holzpuzzle. 10 Teile zum Herausnehmen mit einem Knopf zum Anfassen.	Ravensburger
Greifpuzzle – Baustelle – Hahn – Krokodil	Für die ganz Kleinen mit 5 Motiven und dicken Greifknöpfen.	Selecta
	Didacta Puzzle	Ravensburger
Bauernhoftiere	13 Teile, die als ganzes Motiv einzeln herausgenommen werden können.	
Tiere im Wald	10 Teile	
Baustelle	8 Teile	
Was gehört wohin	15 Teile. Bauernhof mit allem, was dazugehört.	
Tiere und ihre Kinder	8 Teile	
Mein Traktor	15 Teile	
Das Kätzchen	15 Teile	
Mein Feuerwehrauto	15 Teile	

Material: Bezeichnung	Beschreibung	Hersteller
Beim Einkaufen	48 Teile	
An der Baustelle	38 Teile	
Arche Noah	45 Teile	
	Kinderpuzzle	Ravensburger
Bei der Feuerwehr	2 x 20 Teile	
Der Maulwurf im Garten	2 x 20 Teile	
Auf dem Spielplatz	2 x 20 Teile	
	Bilderwürfel	
Zookinder	4 Würfel, die beim Zusammenlegen 6 verschiedene Bilder ergeben: Elefant, Giraffe, Krokodil, Papagei, Pinguin, Löwe.	Selecta
Farm	4 Würfel mit 6 Bildern vom Bauernhof.	Selecta
Fahrzeuge	4 Würfel mit Kinderfahrzeugen.	Selecta
Bauernhof	Ein Spiel-Puzzle. Die Kinder sollen der Bäuerin helfen, die Tiere zu versorgen. Puzzle und Holzfiguren sind am Spielgeschehen beteiligt.	Haba

1.7 Farbenzuordnung

Das Kind wächst in einer Umwelt auf, in der es ständig mit Farben konfrontiert wird, und es merkt, dass diese Farben Namen haben. Um ihm die optische Unterscheidung der Grundfarben zu erleichtern, fangen wir mit einfachen Farbsortierübungen an. Erst später wird die Farbbezeichnung geübt (vergl. Kap. 2.8 „Farbenbegriffe“, Seite 76).

Wie kann gefördert werden?

Entwicklungsalter: ab 2 Jahre

- Die erste Farbzuordnungsübung beginnt mit zwei Farben. Den meisten Kindern ist die Farbe Rot schon vertraut. Legen Sie in einen Behälter einige rote und blaue, in Form und Größe gleiche Bauklötze hinein. Auf dem Tisch stehen zwei blau und rot beklebte Kartons, in die die entsprechenden Farbklötze einsortiert werden sollen.

Zu Beginn des Spieles zeigen Sie dem Kind ein rotes Bauklötzchen, deuten auf die gleich aussehende rote Schachtel und legen das Klötzchen dort hinein. Beim nächsten Mal greifen Sie ein blaues Klötzchen, zeigen es dem Kind und legen es in die blaue Schachtel. Nun darf das Kind aus dem großen Karton den nächsten Gegenstand holen und in den gleichfarbigen Behälter tun.

Hat das Kind das Bauklötzchen in den falschen Kasten getan, holen Sie es wieder heraus, zeigen noch mal auf die Farbe und stecken das Klötzchen in den richtigen Behälter. Die Farbzuordnungsübungen werden dann auf die Farben Gelb und Grün erweitert. Es sollen dabei mindestens sechs Gegenstände einer Farbe zum Sortieren zur Verfügung stehen, da es dem Kind dann leichter fällt, den Sinn dieser Zuordnung zu erfassen. Die Farbzuordnungen lassen sich recht abwechslungsreich gestalten.

- Als Behälter zum Einsortieren sind geeignet:
  Farbig beklebte Schuhkartons, einfarbige kleine Plastikschüsseln oder Plastikkörbchen.
  Zum Einsortieren eignen sich:
  Muggelsteine (bunte, halbrunde Kunstharz-Spielsteine in verschiedenen Größen), Knöpfe, Lego-Bausteine, Wäscheklammern, Holz- oder Glasperlen, Stecker von Steckbrettern oder farbige Papierstücke, farbige Bauklötze, Wollfäden, einfarbige Autos. Für Autos kann der Pappkarton auch zur Garage umgebaut werden. Das blaue Auto fährt in die blaue Garage, das gelbe Auto in die gelbe Garage, usw.
- Gelingt das Einsortieren mit gleichen Gegenständen nach farblicher Zuordnung, besteht der nächste Schwierigkeitsgrad darin, unterschiedliche Gegenstände nach der Farbe zu ordnen.

Material: **Bezeichnung**	**Beschreibung**	**Hersteller**
4 erste Spiele	3 Farbwürfelspiele. Farbige Blumenformen können aufgelegt werden, außerdem sind noch andere Spielüberraschungen vorhanden.	Ravensburger
Quips	Farbwürfelspiel. Legetafeln mit ausgestanzten Spielfeldern, in die farbige Holzspielsteine eingesetzt werden.	Ravensburger
Junior Colorino	Farbsteckspiel. Kinder lernen spielerisch die Grundfarben zu vergleichen und zuzuordnen. Als Farbzuordnungsspiel ist es schon für Kinder ab 2 Jahren geeignet.	Ravensburger

Material: Bezeichnung	Beschreibung	Hersteller
Tempo, kleine Schnecke	6 große bunte Holzschnecken veranstalten ein Wettrennen. Wer ist zuerst am Ziel? Der Farbwürfel bestimmt, welche Schnecke vorwärts kommt. Schon die Kleinsten sind von diesem einfachen Würfelspiel begeistert.	Ravensburger
Raupenrennen	4 Raupenkinder bei ihrem Wettlauf durch das Gemüsebeet. Ein Farbwettlaufspiel für 2 – 4 Spieler.	Ravensburger
Colorama	Viele kleine farbige Formen aus Plastik zum Einsetzen auf ein Spielbrett. Einzel- und Gruppenspiel.	Ravensburger
Toni – Tausendfüßler	Toni hat kalte Füße. Die Kinder helfen ihm, seine Schuhe anzuziehen. Spielerisch werden Farben gelernt. Farbwürfelspiel.	Ravensburger
Bunte Ballone	4 Legetafeln, 24 farbige Scheiben, 1 Farbwürfel, der entscheidet, welcher Ballon (Scheibe) aufgelegt wird.	Ravensburger
Mein buntes Türmchenspiel	2 einfache Farbwürfelspiele. Eine farbige Raupe auf dem Spielplan bestimmt die Reihenfolge, in der bunte Perlen auf Farbtürmchen gesteckt werden.	Noris
Farben-Bärchen	Dieses Farbenspiel ist schon durch die Bärenfiguren ansprechend. Jedes Kind erhält ein Farbenbärchen am „Stiel". Es gibt 24 Perlen in 6 Farben. Die Kinder würfeln mit dem Farbwürfel und ziehen von einem Feld zum anderen. Dabei müssen sie versuchen, je eine Perle von jeder Farbe zu bekommen. Wer zuerst alle 6 Farben auf sein Bärchen aufgesteckt hat, ist Gewinner.	Noris
Fädelraupe	Die bunte Reihe der Fädelraupe wird durch den Farbwürfel bestimmt. Farbige Holzringe werden mit einer dicken Schnur aufgefädelt.	Selecta
Der kunterbunte Ottokar	Ein Fädelkrake wartet darauf, dass an den Armen bunte Halbkugeln aufgefädelt werden. Ein Farbwürfelspiel mit mehreren Spielmöglichkeiten.	Selecta
Raupenwürfel	Wer mit etwas Würfelglück zuerst eine sechsfarbige Raupe zusammengelegt hat, ist Sieger.	Haba
Farben-Domino	Legespiel in Holzanfertigung. Durch Aneinanderlegen und Ergänzen ergibt sich eine farbenfrohe Schlange.	Sina

Material: Bezeichnung	Beschreibung	Hersteller
Hoppel-Poppel	Von der Spielwiese sind alle Tiere verschwunden. Doch die Umrisse sind noch zu sehen. Der Farbwürfel bestimmt, welches Tier an seinen Platz zurück kann.	Haba
Kikeriki	Die Tiere müssen geweckt und gefüttert werden. Manchmal verstecken sie sich auch. Wer sich mit den Farben auskennt und noch Würfelglück hat, kann die meisten Tierkarten sammeln. Spielesammlung mit 3 Spielen.	Haba
Perlen	Verschiedene Größen aus Holz oder Plastik zum Auffädeln	Spielwaren-handel
Klammern	Aus Plastik in verschiedenen Farben.	Kaufhaus
Stecker und Steckbrett	Aus Holz oder Plastik	versch. Hersteller
Muggelsteine	Halbkreisförmige Spielsteine aus Plastik. 3 verschiedene Größen in 12, 19,5 und 31 mm in 10 Farben. Zum Sortieren und Gestalten geeignet.	Dusyma

1.8 Bildzuordnung

Wenn die Zuordnung eines Gegenstandes zu einem Bild keine Schwierigkeiten mehr bereitet, kann die Zuordnung von Bild zu Bild geübt werden. Hierzu eignen sich die Memory-Spiele, die Lotto-Spiele und die Domino-Spiele.

Wie kann gefördert werden?

Entwicklungsalter: ab 2 Jahre

- Wie bei jedem Spiel wird man auch bei der Bildzuordnung vom Leichten ausgehen und erst allmählich zu immer schwierigeren Aufgaben kommen.

  Die erste Spielmöglichkeit ist die Zuordnung von Bild zu Bild:
  Drei Bilder liegen auf dem Tisch. Die dazugehörigen gleichen Bilder halten Sie in der Hand. Nun zeigen Sie dem Kind ein Bildtäfelchen, und das Kind sucht das gleiche Bild aus der auf dem Tisch liegenden Reihe heraus und gibt es Ihnen. Sie legen beide Bilder zusammen, damit das Kind den Zusammenhang begreift.

Für diese erste Spielmöglichkeit eignet sich gut ein Memory-Spiel, da es einfache und dem Kind bekannte Bildmotive enthält. Es sollen nur so viele Bildpaare ins Spiel genommen werden, wie es dem jeweiligen Können des Kindes entspricht. Ist das Kind in der Bildzuordnung geübt, so soll ein Bilderlotto genommen werden (Abb. 9). Hier müssen mehrere Bilder auf eine große Bildkarte gelegt werden. Hat das Kind Übung in diesem Spiel, nehmen Sie sich ebenfalls eine große Karte und legen nun abwechselnd die kleinen Bildkarten darauf

Abb. 9

Entwicklungsalter: ab 3 Jahre

- Das Dominospiel stellt in der Reihe Bilderkennung schon einen nächst höheren Lernschritt dar. Nach einem bestimmten System müssen die Spielkarten aneinandergereiht werden. Eine Spielkarte mit zwei Bildmotiven liegt auf dem Tisch, eine andere Karte kann nur dann angelegt werden, wenn auf ihr eines der beiden Motive abgebildet ist. Die zweite Karte darf jedoch nur so an die schon liegende Karte angelegt werden, dass die gleichen Bilder nebeneinander liegen.

Material: Bezeichnung	Beschreibung	Hersteller
	Lotto Spiele	
Tierbaby-Lotto	Alle Tierbabys finden ihren Platz auf den Lotto-Tafeln. Haus- und Bauernhoftiere, Tiere aus freier Natur oder aus dem Zoo.	Ravensburger
Kleines Lotto	Farbige Zeichnungen bekannter Gegenstände auf 2 Bildplatten. Dazu 18 Bildtäfelchen.	Selecta
Bilderlotto	Neun Motive auf 3 großen Lottotafeln aus Holz.	Selecta
Mini-Lotto	Ein Spiel in der Dose. Inhalt: 4 Spielpläne mit 6 Bildern und 24 Bildkarten zum Auflegen.	Haba
Bilder-Lotto	Ein künstlerisch gestaltetes Zuordnungsspiel mit ansprechenden Motiven aus dem Lebensraum des Kindes. 2 Lottoplatten mit je 9 Motiven und 27 Lottokarten aus Holz.	Eibe
Greif zu	Die Würfel zeigen die gleichen Motive wie die Bildtäfelchen. Wenn gewürfelt wird, heißt es blitzschnell reagieren. Wer schnappt die meisten Bilder. 24 Bilder in der Größe 5 x 5 cm.	Selecta
Zoo Lotto	Ein Spiel für Kinder, die gerne in den Zoo gehen.	Schmidt
	Memory-Spiele	
Kinder-Memory	Einfache, klare Motive, deutlich in der Formwiedergabe.	Ravensburger
Mein erstes Memory	Die großen Karten aus extra dickem Karton und die einfache Spielform eigenen sich schon für die Allerkleinsten.	Ravensburger
Tierkinder-Memory	Tierkinder von Haus- und Zootieren, von Tieren aus dem Wald und vom Bauernhof.	Ravensburger
Teddy-Memory	Liebevolle Gestaltung der Bärenkarten. Große, formgestanzte Bärenkarten. Gleiche Bärenkarten müssen gesucht werden.	Ravensburger
Der kleine Eisbär	Memory-Karten aus Holz. Mit Robby, Lena, Lars und den anderen Freunden des kleinen Eisbären macht es Spaß, gleiche Paare zu suchen.	Ravensburger
Memo Primo	Kindgerechte, einfache Motive auf Holzkärtchen.	Selecta
Memo Grande	Wer findet die meisten Paare? Ein Memoryspiel mit extra großen Karten (10 x 10 cm) aus stabilem Karton.	Selecta

Material: Bezeichnung	Beschreibung	Hersteller
	Domino	
Duomino	Ein Domino aus Holz. Die Bildtäfelchen werden so angelegt, dass immer gleiche Motive aneinander stoßen.	Selecta
Animino	Ein lustiges Tier-Domino, bei dem man beim Anlegen die Tier-Zwillinge finden muss.	Selecta
Bilderstraße	Dominospiel mit klaren Motiven. Die jeweils passende Hälfte von einem Bild muss gefunden und richtig angelegt werden.	Selecta
Super-Domino „Gegenstände"	Große Dominokarten aus Holz (ca. 9 x 4,5 cm). Bunt bedruckt mit eindeutigen Kindermotiven.	Goula
Domino-Spiele „Früchte" „Bauernhof" „Fahrzeuge" „Zoo"	Legespiele in Holzausfertigung. 28 Teile mit bestimmten Themen.	Goula
Bären-Domino	Ein Spiel in der Blechdose. Inhalt: 21 Dominokarten mit 6 verschiedenen Bären. Wer zuerst alle eigenen Bärenkärtchen angelegt hat, ist Sieger.	Haba
Domino Junior	Stabile Domino-Karten mit Motiven, die kleine Kinder mögen.	Schmidt
Farbdomino	Beim Farbdomino sind die Spielsteine mit Farben versehen. Gleiche Farben müssen angelegt werden. Die Größe der Dominosteine erleichtert vor allem kleinen oder behinderten Kindern das Greifen.	Eibe
Bilder-Domino	Das Spiel mit hohem Aufforderungscharakter spricht bereits Kinder ab 3 Jahren an. Die klaren Motive lassen sich schnell erkennen und zuordnen.	Eibe
Bilderschlange	Einfaches Legespiel aus Sperrholz mit bunt bedruckten Bilderhälften. Durch Aneinanderlegen und Ergänzen der Bilder ergeben sich zwei farbenfrohe Bilderschlangen.	Selecta

1.9 Mengenzuordnung

Kinder zeigen für alles, was sie umgibt, großes Interesse. Dazu gehört auch, dass sie spielerisch zunächst verschiedene Mengen optisch vergleichen, ohne sie mit einer Zahl zu belegen. (siehe auch Kap. 2.6 „Zahlenbegriffe“, Seite 64). Am leichtesten wird die Menge „eins“ erfasst. Dazu im Gegensatz steht die Menge „viel“.

Wie kann gefördert werden?

Entwicklungsalter: ab 2 1/2 Jahre

- Nehmen Sie aus einem mit Knöpfen, Kastanien, Legosteinen oder Glaskugeln gefüllten Behälter ein einziges Stück heraus und zeigen Sie dieses dem Kind, indem Sie ihm die offene Hand – z.B. mit der Kugel – hinhalten. Nehmen Sie mit der anderen Hand ebenfalls eine Kugel und halten Sie beide Hände zum Vergleich hin. Dann werden die Kugeln wieder zurückgelegt. Danach nehmen Sie wieder eine Kugel in Ihre Hand und fordern das Kind durch Gesten und Worte auf, sich auch eine Kugel zu holen.
  Beim nächsten Mal nehmen Sie viele Kugeln heraus und legen sie auf die offene Hand. Das Kind soll das gleiche tun. So wird das Spiel einige Male wiederholt, wobei zwischen der Menge „eins“ und „viel“ unterschieden wird. Die Mengenbezeichnung eins und viel kann unterstützend gebraucht werden. Wichtig ist aber zunächst, dass das Kind den Unterschied nur vom Auge her erfasst. Ist die Menge „eins“ und „viel“ gekonnt, so wird die Menge „zwei“ geübt.
- Möglichkeiten zur weiteren Mengenschulung bieten zwei gepunktete Schaumstoffwürfel. Der Erwachsene zeigt ein Punktbild (z.B. zwei Punkte), und das Kind soll die gleiche Anordnung der Punkte auf seinem Würfel suchen. Es empfiehlt sich, am Anfang nur die Punktbilder eins bis drei zu nehmen.
- Auf das Punktbild können auch eine entsprechende Anzahl Kugeln, Muggelsteine, Legos usw. gelegt werden. Die Menge soll immer deutlich sichtbar sein, wie auch nachfolgende Beispiele zeigen:
- Zwei Puppen wollen Mittag essen. Sie brauchen zwei Stühle, zwei Teller, zwei Messer, zwei Gabeln. Oder: Drei Häschen brauchen drei Möhren, drei Birnen, drei Kohlblätter. Viel Spaß macht es, den Tisch zu decken. Für Vater, Mutter und das Kind brauchen wir drei Tassen, drei Teller, drei Löffel usw.

Material: Bezeichnung	Beschreibung	Hersteller
Riesen-Augenwürfel	Schaumstoffwürfel mit Punktbildern von 1 – 6. Kantenlänge 16 cm.	Schubi
Eins, Vier, Viele	Ein spielerischer Einstieg in die Welt der Zahlen von 1 – 10. Die kleinen Seelöwen toben am Beckenrand, suchen, fangen und verteilen viele kleine Fische. Die Farbe des Feldes entscheidet, wie viele Fische sie fangen dürfen. Inhalt: 1 Spielplan, 4 Seelöwen, 30 Fische, 2 Würfel, 4 Fischzählkarten.	Haba
Ich spiele einkaufen	Mit einer Einkaufsliste macht sich jedes Kind auf den Würfelweg von einem Geschäft zum anderen. Wie viele Äpfel oder Hörnchen soll es kaufen. Spielerisch wird es mit Zahlen, Mengen und Waren vertraut.	Ravensburger
Krabbel kleiner Käfer	4 Käfer machen ein lustiges Rennen kreuz und quer durch die Natur. Der Farb- und Mengenwürfel bestimmt, wer und wie weit jeweils die Reise geht. Gewonnen hat, wer zuerst bei der Sonnenblume ist.	Selecta
Ich zähle bis 4	Dieses Lernspiel zum Zählen und Mengenerfassen im Zahlenraum von 1 – 4 macht schon dem Kindergartenkind Spaß. Gezackte Plättchen werden auf verschiedene Spielpläne gelegt. Nur wenn die Zacken ineinander passen, ist die Aufgabe richtig gelöst. Ein Spiel mit Selbstkontrolle für das Kind.	Heinevetter
Einertrainer 1 – 5	49 gezackte Plättchen können auf 4 verschiedene Spielpläne gelegt werden. Die Gestalt- und Mengenerfassung von 1 – 5 werden geübt.	Heinevetter
Mengen-Domino	Ein Legespiel mit Punkten von 1 – 6. Immer gleiche Punktmengen müssen angelegt werden.	versch. Hersteller
	Bilderbücher	
Dick Bruna Ich kann zählen	Zahlenraum 1 – 12. Zuerst zählt man 1 Kerze, 3 Äpfel, usw.	Ravensburger
Eric Carle Die kleine Raupe Nimmersatt	Fressend bahnt sich die kleine Raupe durch das Buch, um als Schmetterling wieder ans Licht zu kommen. Auf dem Weg dahin gibt es viel zu zählen.	Gerstenberg
Eric Carle Gute Reise bunter Hahn	15 Tiere, Katzen, Frösche, Fische, kann man benennen oder zählen. Die Tiere wollen dem bunten Hahn in die weite Welt folgen.	Gerstenberg

Material: Bezeichnung	Beschreibung	Hersteller
Klaus Bliesener 1, 2, 3 Alle meine Zahlen	Spielerisch lernt das Kind Dinge zu benennen und sie zu zählen. Ein Zahlenspaß von 1 – 10.	Ravensburger
Amrei Fechner/ Andrea Erne-Schunder 10 kleine Katzen	Die Katzenmama macht sich auf die Suche nach ihren Kindern und findet nach und nach alle zehn wieder. Eine lustige Zählgeschichte.	Ravensburger
Ana Maria Weller/ Christa Wisskirchen 1, 2, 3, 4... Wie viele Tiere siehst du hier?	3 Katzen, 4 Igel, 5 Schlittenhunde ..... Auf jeder Doppelseite gibt es immer ein Tier mehr zu zählen. Die ersten Zahlen sind in lustige Reime eingebaut.	Ravensburger
Barbara Moßmann Der kleine Maulwurf kann zählen	Wer hilft dem kleinen Maulwurf beim Zählen? Auf der Wiese, auf dem Spielplatz, beim Einkaufen überall gibt es etwas zum Zählen. Mit dem Schieber kann man den kleinen Maulwurf aus der Erde klettern und auch wieder verschwinden lassen.	Ravensburger

1.10 Kategoriezuordnung

Oft haben Kinder große Schwierigkeiten zu erkennen, dass bestimmte Gruppen von Gegenständen, Esswaren, Tieren usw. zusammengehören. Werkzeuge dienen alle einem ähnlichen Zweck. Desgleichen Musikinstrumente oder Küchengeräte. Jeder Oberbegriff ist im Grunde eine Sammelbezeichnung, die auf eine Zusammengehörigkeit hinweist. Backwaren gehören als Gruppe zusammen, genau wie Obst, Gemüse oder Getränke. Je mehr Erfahrung ein Kind im Umgang mit all diesen Dingen hat, desto schneller wird es allein von den Augen her die Zusammenhänge begreifen. Die entsprechenden Wortbezeichnungen lernt es meist spielend nebenbei (vergl. Kap 2.11 „Oberbegriffe – Merkmalbeschreibung“, Seite 83).

Wie kann gefördert werden?

Entwicklungsalter: ab 3 Jahre

- Legen Sie Dinge in ein Kästchen, die man essen kann, und solche, die in der Küche gebraucht werden. Nun fordern Sie das Kind auf: „Lege alles, was in die Küche gehört, zusammen!“ Oder: „Suche alles heraus, was man essen kann!“
- Genauso wird mit den Kategorien Besteck, Spieltiere oder Spielzeug verfahren (Abb. 10). Diese und weitere Merkmalgruppen können Kinder

ab 4 1/2 Jahren auch schon aus einem Katalog ausschneiden und aufkleben; z.B. Dinge, die in das Badezimmer gehören oder Möbel, Tiere, Blumen usw.

Abb. 10

- Eine gute Gelegenheit zur Festigung und praktischen Nutzanwendung bietet sich beim Einkaufen. Da ist der Obststand. Schauen Sie sich mit Ihrem Kinde die Auslagen an. Was gehört zum Gemüse? Was gibt es alles beim Bäcker? Gerade zum Kennen lernen der Oberbegriffe sind Lernanregungen im Haushalt und aus der näheren Umwelt des Kindes gut zu verwenden.

Material: **Bezeichnung**	**Beschreibung**	**Hersteller**
Kindergartenspiel	Ein Lernspiel zur vorschulischen Förderung. 392 bildliche Darstellungen, z.T. nach Oberbegriffen geordnet. Durch das Auflegen von gezackten Plättchen erfolgt die automatische Richtigkeitskontrolle.	Heinevetter
Unser Haus	Bildzuordnungsspiel. 192 Übungen zum Thema Wohnen anhand von 12 Wohnräumen und deren Einrichtung, u.a. Tätigkeiten, Gegenstände, öffentliche Einrichtungen.	Heinevetter
Sonne, Mond und Teddybär	Einfaches Zuordnungsspiel auch schon für die Kleinsten mit Themen wie Spielzeug, Einrichtung, Kleidung, Nahrung, Haustiere, Hygiene.	Heinevetter

Material: Bezeichnung	Beschreibung	Hersteller
Bei mir und anderswo	Ein Spiel mit 49 Plättchen zum Auflegen auf 3 doppelseitig bedruckten Einlegeblättern mit den Themen: Familie, Beruf, Versorgungsbetriebe, Verkehrsmittel, Sport und Unterhaltung.	Heinevetter
Obstgarten	Äpfel, Birnen, Pflaumen und Kirschen hängen an den Bäumen. Ein frecher Rabe will sich das Obst holen. Schnell müssen die Kinder helfen, die Ernte einzuholen.	Haba
Bauer Klaus und die Maus	Hier lernen die Kinder verschiedene Getreidesorten kennen. Die Kinder sollen dem Bauern Klaus helfen alles einzusammeln, bevor die Mäuse es auffressen.	Haba
Tiere und ihre Kinder	Die Kinder lernen in diesem Spiel verschiedene Tiere kennen und entdecken, welche Tierkinder zu den Elterntieren gehören. Die Puzzle-Nasen verraten sofort, welche Tiere zusammenpassen.	Ravensburger
Was passt zusammen	Immer zwei Motive, die zusammengehören, können wie Puzzleteile zusammengefügt werden.	Ravensburger
	Didacta Puzzle	
– Baustelle	8 Teile	Ravensburger
– Bauernhoftiere	13 Teile	
– Tiere im Wald	10 Teile	
– An der Baustelle	38 Teile	
– Beim Einkaufen	8 Teile	
	Bilderbücher	
Wolfgang Metzger Wer fährt mit?	Nicht nur Baustellenfahrzeuge kommen in diesem Fahrzeugbuch ganz groß raus. Es gibt auch Bilder zu Müllabfuhr, Feuerwehr, Traktor, Krankenwagen und sogar Rettungshubschrauber.	Ravensburger
Kerstin M. Schuld Komm mit auf die Baustelle	16 Seiten mit Bildern. Die Kinder lernen das Leben auf einer Baustelle kennen. Gucklöcher sorgen für so manche Überraschung.	Ravensburger
Ruth Scholte van Mast Mein großes Guckloch-buch vom Bauernhof	Ein Bauernhof ist voller Leben; da ist immer etwas los! Tiere müssen gefüttert und versorgt werden, die Schafe geschoren und die Kühe gemolken werden. Dieses großformatige Bilderbuch zeigt das Leben auf dem Bauernhof.	Ravensburger

1.11 Einzelheiterfassung (Optisches Differenzieren)

Im Wesentlichen handelt es sich hier um die Fähigkeit stark differenzierter Wahrnehmung mit dem Auge, d.h., Einzelheiten festzustellen. Diese Fähigkeit ist für das Lernen von Ziffern und Buchstaben sehr wichtig, denn auch sie unterscheiden sich ja nur durch Einzelheiten. Bis zum Alter von 4 oder 5 Jahren lässt das Kind ziellos seinen Blick über das Ganze eines Bildes schweifen. Oder aber es ist fasziniert von einem interessanten oder auffallenden Teil des Bildes. Der Blick bleibt dann daran hängen, während der Rest der Figur oder des Motivs ignoriert wird. Spätestens bis zum Schuleintritt soll ein Kind in der Lage sein, mehrere wichtige Teile eines Bildfeldes gleichermaßen wahrzunehmen und miteinander zu vergleichen.

Wie kann gefördert werden?

Entwicklungsalter: ab 3 1/2 Jahre

- Zur Förderung der optischen Differenzierung gehört alles, was zu genauer Beobachtung anregt. Das kann schon durch kleine Hinweise beim Spaziergang geschehen oder durch das beliebte Spiel „Ich sehe was, was du nicht siehst".
- Kleine Suchspiele in Bilderbüchern machen Spaß und schulen die Beobachtung von Bildeinzelheiten. Es werden dabei kleine, versteckte Dinge, Blumen oder Tiere, gesucht. Selbstverständlich wechseln dabei die Rollen desjenigen, der etwas suchen muss (Abb. 11).
- Mit ausrangierten Textbilderbüchern wird dieses Spiel erweitert, indem dem älteren Kind, ab 5 1/2 Jahre, z.B. das Wort „Michael" gezeigt wird und es nun im ganzen Bilderbuch dieses Wort heraussuchen und ankreuzen soll.
- Auch können Zahlen oder Buchstaben in einer Reihe gemalt werden. Irgendwo erfährt

Abb. 11

die Gleichmäßigkeit eine kleine Änderung, die das Kind herausfinden soll.

Beispiel:

EEFE	BPBB	3383	6696

- In den Vorschul-Arbeitsheften (s. auch Kap. 1.13 „Optische Schulreife", Seite 51) wird diese Übung als Vorbereitung für den Schulunterricht aufgegriffen, z.B. sollen vier abgebildete Dinge verglichen werden. Drei davon sehen gleich aus. Das anders aussehende Bild soll herausgefunden und durchgestrichen werden.

Material: **Bezeichnung**	**Beschreibung**	**Hersteller**
Kindergartenspiel	Ein Spiel für Erkennungsübungen mit automatischer Richtigkeitskontrolle. Neben der Schulung der Einzelheitserfassung auch Übungen zur Oberbegriffszuordnung.	Heinevetter
Ich sehe was	System-Puzzle. Kleinere Ausgabe des Kindergartenspiels mit 12 großen Plättchen. Insgesamt 96 verschiedene Wahrnehmungs-, Unterscheidungs- und Erkennungsübungen. Themen wie im Kindergartenspiel.	Heinevetter
Formen und Buchstaben erkennen 1 + 2	16 farbige Legetafeln mit je 12 Bildkarten, die aufgelegt werden. Beim Auflegen müssen viele Details beachtet werden. Die Kinder lernen, Bilder genau zu betrachten, einzelne Merkmale bewusst zu erfassen, zu unterscheiden und wieder zu erkennen. Formen und Buchstaben erkennen 1 bietet einfache Bilder und Symbole an. Formen und Buchstaben erkennen 2 ist schwieriger und hat auch Buchstabenformen.	Nathan
Lustige Spiele zum Differenzieren	Materialsammlung zur Raumorientierung. Eine Fülle von Bildzuordnungsaufgaben mit dem Schwerpunkt optische Differenzierung, Reihenbildung, Detailerfassung.	Nathan
mini LÜK-Lösungsgerät	Dieses Arbeitsgerät wird zur Überprüfung der Lösungen der mini LÜK Aufgaben benötigt. Es kann für alle aufgeführten mini LÜK Übungshefte eingesetzt werden. Das Kind kann die richtigen Lösungen seiner Aufgaben damit alleine überprüfen.	Westermann

Material: Bezeichnung	Beschreibung	Hersteller
Arbeitshefte: Übungen für Vorschulkinder 1, 2, 3, 4	Interessante Spielreihen zur Merkfähigkeit, Konzentration, zum logischen Denken und optischen Differenzieren. Fehlende Teile ergänzen, Sachen zuordnen, Farben, Formen, Spiegelbilder erkennen und suchen.	Westermann
mini LÜK-Set Bussi Bär	Inhalt: mini LÜK-Lösungsgerät, Übungshefte Bussi Bär 1 + 2. Optische Unterscheidungsaufgaben, Zuordnungsspiele und Übungen zum Erkennen und Korrigieren von Fehlern mit Bussi Bär und Bello.	Westermann
Figurix	Auf 3 großen Holzwürfeln sind Ringe, Kreise und Figuren in verschiedenen Farben zu sehen. Die gewürfelte Kombination auf dem bunten Spielplan muss gefunden werden, z.B. blauer Fisch im roten Kreis, eingefasst von einem gelben Ring. Als Gruppenspiel gut geeignet.	Ravensburger
Schau genau	Legespiel. Förderung der optischen Differenzierung. Darüber hinaus festigt das Spiel das Verständnis für räumliche Begriffe.	Wehrfritz
Differix	Legespiel. Die Tafeln zeigen 9 mal fast das gleiche Bild. Erst beim genauen Hinsehen erkennt das Kind den geringen Unterschied.	Ravensburger
Simile Serie	Inhalt: 4 Spiele zu je 6 Bildtafeln. Auf jeder Tafel müssen 12 Bilder aufgelegt werden, die einander ähnlich sind und nur durch kleine Veränderungen voneinander zu unterscheiden sind. Das Spiel fördert die optische Differenzierung, Ausdauer, Konzentration und Raumlageerfassung.	Jugend u. Volk
Lern Spiel Zwerge – Räumliche Orientierung – Buchstaben-Rätsel	Spiele und Übungen für die Vorschule. Mit den beiden niedlichen Zwergen Zwick und Zwack wird gemalt, gebastelt, geschrieben und mit allen Sinnen gelernt.	Loewe

1.12 Logisches Denken

Logisches Denken ist eine Fähigkeit, die sich sehr langsam entwickelt. Es geht zunächst darum, dass Ordnungsprinzipien und Gesetze erkannt werden und dann die richtige Schlussfolgerung gezogen wird. Erste Anfänge dieser Funktion wurden schon bei den Sortierübungen geschult und differenzieren sich mehr und mehr, je nach Intelligenz des Menschen.

Wie kann gefördert werden?

Entwicklungsalter: ab 4 Jahre

- Sie nehmen mehrere rote und blaue Knöpfe und legen diese vor das Kind in folgender Ordnung: ein blauer Knopf, ein roter Knopf, ein blauer Knopf, ein roter Knopf usw.. Fordern Sie das Kind auf, die Reihe weiter fortzusetzen.
  Dieses Spiel kann statt mit Farben auch mit verschiedenen Gegenständen durchgeführt werden: z.B. Apfel, Banane, Apfel, Banane.
- Später kann eine Dreierordnung nachgelegt werden: Kastanie, Streichholz, Stein. Oder nehmen Sie ein großes Stück Papier und zeichnen Sie am Rand ein Muster, z.B.:

  △ □ △ □ △ □

  △ ○ □ △ ○ □ △ ○ □

  // △ = ○ // △ = ○ // △ = ○

- Das Kind soll das Muster weitermalen und dabei den Wechsel der Zeichen genau einhalten. Diese Übung kann ab 5 Jahre erschwert werden, wenn das Muster auf vier bis fünf Zeichen erweitert wird.
- Das Ordnen mehrerer Bilder, die einen bestimmten Handlungsablauf darstellen, fördert ebenfalls die Fähigkeit des logischen Denkens, z.B. die Bildgeschichten „Papa Moll“ oder „Der kleine Herr Jakob“.

Material: **Bezeichnung**	**Beschreibung**	**Hersteller**
Gehirn-Jogging Heft 1 und 2 für Vorschulkinder, dazu das mini LÜK Lösungsgerät	Die Förderung von Wahrnehmung, Konzentration, Denk- und Kombinationsfähigkeit ist wesentliche Voraussetzungen für den Schulstart.	Westermann
Denken, Spielen, Kombinieren 1 und 2, dazu das mini LÜK Lösungsgerät	Spiele zu Gedächtnistraining, Wortbilderkennung, logische Folgen, Zahl- und Mengenbildung.	Westermann
Figuren und Formen, dazu das mini LÜK Lösungsgerät	Erkennen und Vergleichen, Analysieren und Kombinieren, Reihenfolgen ergänzen.	Westermann

Material: Bezeichnung	Beschreibung	Hersteller
Logische Reihen	24 farbig bedruckte Holzwürfel werden gesteigert im Schwierigkeitsgrad nach Mustervorlagen kombiniert. Zunächst werden nur einfache Vorlagen ergänzt. Dann sind Reihen aus Formen und Farben zu vervollständigen. Zuletzt werden ganze Muster vorgegeben, die fortzuführen sind.	Logo
Follogo	Ein Spiel mit vielen Bildern und Geschichten aus der unmittelbaren Erlebniswelt des Kindes. Es sind 2 Spielstufen, eine leichtere und eine schwierigere. In der zweiten Spielstufe werden Bereiche aus der Umwelt in Bildergeschichten dargestellt, von denen jede 4 Einzelbilder umfasst. Kombinationsgabe und logisches Denken werden gefordert.	Heinevetter
Logofix	Ein Logikspiel für Kinder. Es fördert Konzentration, Wahrnehmung, logisches Denken, Wortschatz und Sprache. Unter den lustigen Spielsteinen ist ein Chip versteckt. Nur wer klug fragt und geschickt kombiniert, bekommt den Durchblick und gewinnt das Spiel. Spielvarianten auch für Kinder ab 4 Jahre.	Ravensburger
Logi Bär	In diesen Logi-Spielen geht es darum, einzelne Aufgaben zu lösen, die mit Folgen und Reihen zu tun haben.	Schmidt
Logi-Freunde	Es heißt logisch denken, richtig kombinieren und genau hinsehen.	Schmidt
Papa Moll	Lustige Bildgeschichten mit je 5 – 9 Bildern. Papa Moll, der für alle stets das Beste will und dem dann die Tücken des Alltags zum Verhängnis werden.	Schubi
Der kleine Herr Jakob	Geschichten mit je 4 Bildern. Wenn der kleine Herr Jakob mit seinem drolligen Hund auftaucht, gibt es für Groß und Klein etwas zum Schmunzeln.	Schubi
Ein Tag mit Flo.	Bildkarten – Tagesablauf. Aufstehen, frühstücken, Zähne putzen: So beginnt der Tag für Flo. Was er sonst noch alles macht, sehen die Kinder auf den Bildern. Inhalt: 75 farbige Bilder (9 x 9 cm). Mit Anleitung.	Schubi

1.13 Optische Schulreife

Bis zur Einschulung sind gewisse Fähigkeiten notwendig, über die ein Kind verfügen sollte. Wurden bisher einzelne Funktionen gesondert gefördert, so fordern die Vorschul-Arbeitshefte über die optische Wahrnehmung den ganzen Bereich der kindlichen Intelligenz an. Sie bündeln gleichsam alles, was bislang noch mehr oder weniger isoliert gesehen wurde.

So werden logisches und konstruktives Denken, optische Differenzierung, Mengenauffassung und rechnerisches Denken sowie Konzentration, Aufmerksamkeit und Ausdauer geschult. Der Sinn dieser Arbeitsblätter und Materialien liegt vor allem darin, dass sie bei richtiger Verwendung einen natürlichen Übergang bilden vom Denken anhand konkreter Dinge zum abstrakten Denken und zu theoretischer Aufgabenlösung.

Wie kann gefördert werden?

Entwicklungsalter: ab 5 Jahre

- Wichtig bei diesen Spiel- und Lernangeboten ist, dass Sie diese zunächst mit Ihrem Kind zusammen ausführen. Schauen Sie sich die Aufgabe gemeinsam an und erklären Sie dann in kleinen, dem Kind verständlichen Schritten die gestellten Fragen.
  Suchen Sie am Anfang einfache Aufgaben heraus, von denen Sie annehmen, dass Ihr Kind diese bewältigt. Beachten Sie dabei auch die Wünsche Ihres Kindes.
- Erklären Sie anschaulich und mit vielen Beispielen alles, was das Kind wissen möchte. Beziehen Sie die Anregungen der Spiele oder Arbeitshefte mit in den Familienalltag ein. Zeigen Sie Ihrem Kind, wo die Dinge real vorkommen, die in den Lernaufgaben abgebildet und bisher vielleicht unbekannt sind. Beschreiben Sie, was man damit tun kann und wo sie zu finden sind.
- Ergänzen Sie die Aufgaben mit den Ideen, die das Kind einbringt. Vielleicht möchte es Bilder in den Arbeitsheften ausschneiden oder ausmalen, Geschichten erzählen oder nachspielen. Wichtig sind immer das Lob und die Freude am Tun.
- Es kommt nicht auf das Abarbeiten von Programmen an, sondern es soll spielerische Hinführung zur Aufgabenlösung sein, wie sie in der Schule gefordert wird und auch dem Wissensdrang des Kindes entgegenkommt.

Material: Bezeichnung	Beschreibung	Hersteller
mini LÜK–Set Vorschultrainer	Inhalt: mini LÜK Lösungsgerät und Übungshefte Vorschultraining 1 und 2. Vielseitige Spiele zur Beobachtung, Kombinations- und Denkfähigkeit.	Westermann
Pocket LÜK–Set Vorschulspiele	Im praktischen Taschenformat. Das ansprechende Design mit bunten Schalthebeln lädt Kinder zum Lösen vielfältiger Bilder–, Farb– und Formenrätsel ein. Es fördert das genaue Beobachten, Vergleichen und Zuordnen. Die einzelnen Buch–Blöcke, die im Angebot sind, lassen sich im Gerät auswechseln. Durch die Frage- und Antwort-Schalthebel erhält dieses Spiel Quizcharakter.	Westermann
LÜK Set Schulanfang	Inhalt: LÜK Lösungsgerät, Doppelband Schulanfang. Vielfältige spielerische Übungen mit Zahlen, Buchstaben, Puzzle- und Suchbildern.	Westermann
Denken, Spielen, Kombinieren, 2 in 1 Doppelband, dazu Lösungsgerät mini LÜK	Übungen zur Schulung des Denk- und Kombinationsvermögens, Gedächtnistraining, Wortbilderkennung, logische Folgen, Zahl– und Mengenbildung.	Westermann
Pfiffix	Für 5 – 7 Jährige ein anspruchsvolles Angebot, welches sich besonders zur Förderung und Abrundung der Schulreife anbietet. Neben einem intensiven Wahrnehmungstraining gibt es Programme zum Zählen und Vergleichen, Aufgaben zur Förderung des begrifflichen Denkens und ein lustiges Puzzle.	Heinevetter
	Arbeitshefte	
Ursula Lauster Fit für die Schule	Lustige und abwechslungsreiche Spiele zu Themen und Anforderungen der 1. Klasse.	Lentz
Ursula Lauster Vorschulspiele 1	Spielerische Förderung von Konzentration, Ausdauer, Geduld und optischem Unterscheidungsvermögen.	Lentz
Vorschul-Wissensquiz	Ein Lernspiel zum Erkennen, Vergleichen und Beschreiben. Über 500 Fragen zu den Themen: Farben, Formen, Gegensätze und Kunterbuntes. Was gehört nicht dazu? Was gehört zusammen? Auf jeder Karte sind eine Abbildung und eine Frage.	Noris

Material: Bezeichnung	**Beschreibung**	**Hersteller**
Logico Rondo Übungsgerät und Arbeitshefte: – Entdecken und Kombinieren – ABC zum Schulanfang	Ein Lernsystem mit Selbstkontrolle. Der Übungsrahmen hat 6 Bedienungsknöpfe. In den Rahmen werden Übungskarten eingeschoben. Die Rückseiten der Karten bieten die Möglichkeit zur eigenen Kontrolle und geben zusätzliche Hilfe.	Finken
Sabine Lohf / Bertrun Jeitner-Hartmann (Hrsg.) Die Vorschul-Maus	Malen, zählen, buchstabieren, zuordnen, benennen … Hier können sich Kinder mit viel Spaß auf die Schule vorbereiten.	Ravensburger
Johanna Friedel Spielend für die Schule lernen	Kompetente und vielseitige Spielangebote zur Vorbereitung auf die Schule. Spielerisch werden wichtige Grundfertigkeiten gefördert.	Ravensburger
Buchstabix	Ein Gedächtnisspiel rund um die großen und kleinen Buchstaben des Alphabets. Es sind mehrere Spielvarianten in unterschiedlichen Schwierigkeitsgraden möglich.	Haba
Christine Merz (Hrsg.) Wunderfitz	Eine Bildungsmappe für das Vorschulkind mit 80 Aufgabenblättern. Das Kind lernt dabei, Lösungen zu suchen und zu finden. Für Eltern und ErzieherInnen enthält die Mappe Informationen, die eine Einschätzung des Kindes im Hinblick auf seine Schulfähigkeit ermöglichen.	Herder
Die kleinen Lerndrachen: Arbeitshefte – Vorübungen Schreiben – Vorübungen Farben und Formen – Mengen und Zahlen – Wahrnehmung und Beobachtung	Die Hefte enthalten fantasievolle, abwechslungsreiche Übungen, bei denen die Kinder malen, basteln und spielen können. Spielerische Vorbereitung auf die Schule. Für Eltern gibt's hilfreiche Tipps.	Klett

2. Förderung in der Sprachfähigkeit und im Wortverständnis

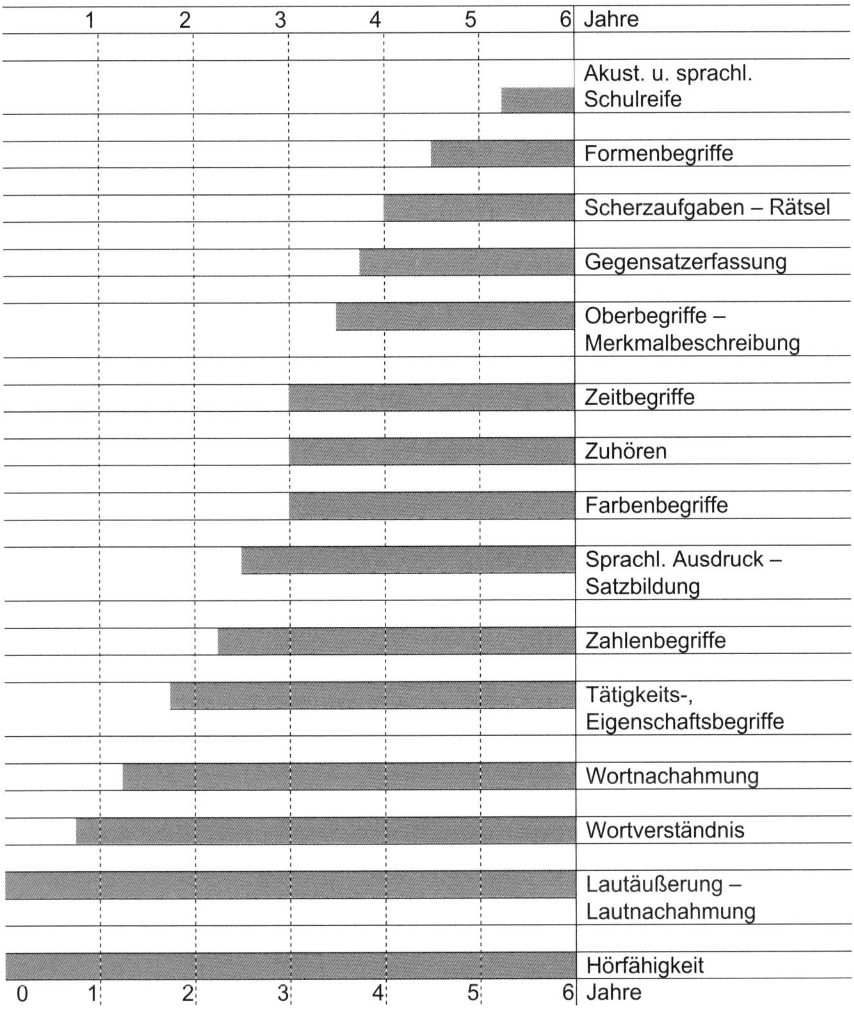

2.1 Hörfähigkeit

Das Baby kann zunächst nur hören, ohne den Sinn des Gehörten zu verstehen. So war es auch beim Sehen. Hier bildet das Festhalten von beweglichen oder unbeweglichen Objekten die Vorstufe zur optischen Wahrnehmung im Sinne des Erkennens und Verstehens.

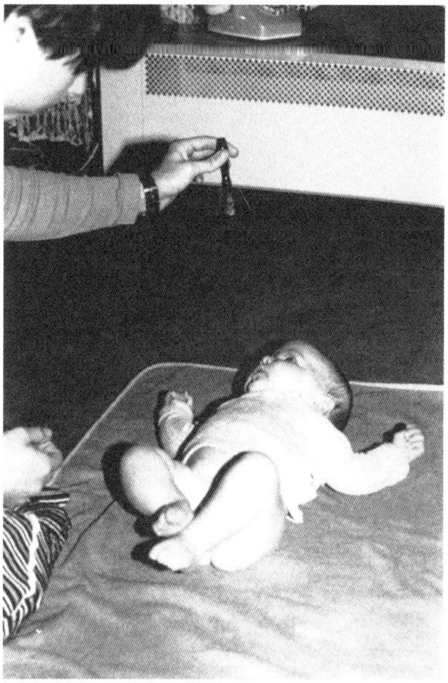

Abb. 12

Schon am Anfang seines Lebens lauscht das Baby auf die verschiedensten Geräusche in seiner Umgebung. Es will ergründen, wo sie denn eigentlich herkommen. Welche Beziehung besteht zwischen dem Geräusch, dem Ton, dem Laut und der Sache oder Person, von der sie ausgehen? Um diese Frage sich selbst zu beantworten, muss das Baby genau die Richtung feststellen können, aus welcher der Laut kommt. Dazu muss es seinen Kopf schnell genug drehen, um mit den Augen die Geräuschquelle ausfindig zu machen (Abb. 12).

In den ersten drei Monaten findet bei dem Baby zunächst nur ein reflexartiges Hören statt. Erst danach setzt langsam das Sinn erfassende Hören ein. Das Hörverständnis ist nicht nur zur Sprachbildung wichtig (ohne Hören ist kein Sprechen möglich), sondern für die gesamte geistig-seelische, körperliche und soziale Entwicklung.

Wie kann gefördert werden?

Entwicklungsalter: ab Geburt

- So, wie das Kind erst sehen lernen muss und es lange dauert, bis der weitäugige Sehvorgang voll funktionsfähig ist, so muss auch das Gehör ganz bewusst geübt und gefördert werden: Wenn Sie an das Bettchen des Babys herantreten, sprechen Sie es an. Suchen Sie seinen Blick und versuchen Sie, ihn festzuhalten.
- Sprechen Sie mit Ihrem Kind, auch wenn es Ihre Worte noch nicht versteht. Singen Sie ihm häufig etwas vor. Hin und wieder sollten Sie einmal nur flüstern und die Lieder leise summen.

- Bieten Sie Ihrem Kind Rasseln mit verschiedenen Klangfarben an, damit es auf die Unterschiede aufmerksam wird. Rascheln Sie seitlich oder hinter dem Köpfchen Ihres Kindes mit Papier.

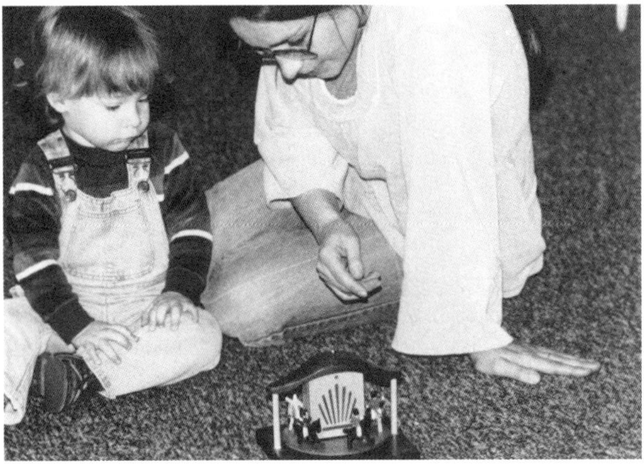

Abb. 13

- Lauschen Sie gemeinsam dem Klang einer Spieluhr (Abb. 13). Lassen Sie es das Ticken einer Uhr ganz nahe am Ohr hören. Japanische Windglocken (kleine Rechtecke aus Glas), die einen sanften Klang erzeugen, wenn ein Luftzug darauf trifft, sollten in der Nähe des Fensters oder der Tür aufgehängt werden.

Material:

Bezeichnung	**Beschreibung**	**Hersteller**
Ramba Zamba	Greifling mit integriertem Glöckchen.	Haba
Tonella	Greifling mit integriertem Glöckchen.	Selecta
Glockenrolle	Greifling mit integriertem Glöckchen.	Meistergilde
Klingelrassel	Greifling mit integriertem Glöckchen.	Brio
Zwergen-Glockenspiel	Ein Mobile-Klangspiel.	Meistergilde
Japanische Windglocken	Mehrer kleine Rechtecke aus Glas, die durch Luftbewegung aneinander schlagen und leise klingeln.	verschiedene-Hersteller

2.2 Lautäußerung – Lautnachahmung

Die Sprache ist in allen Bereichen menschlichen Lebens das wichtigste Verständigungsmittel zur Umwelt. Vom ersten Tage an äußert sich das Baby durch Schreien und Gefühlslaute. Beim Schreien werden die Grundleistungen der Atmung und Stimmgebung vorgeübt. Beim Saugen wird außerdem die Mund- und Zungenmuskulatur trainiert. Diese vom Zentralnervensystem gelenkten Saug-, Schluck- und Atemreflexe sind die wichtigste motorische Grundlage zur Entwicklung der Sprache.

Obwohl diese ersten Lautäußerungen des Säuglings noch keine Sprache sind, wird jede Mutter sehr bald die gefühlsmäßige Bedeutung des Schreiens verstehen. Sie wird zu deuten wissen, was das Baby damit seiner Umwelt sagen will. Sei es, dass ihm etwas fehlt, dass es Hunger oder Schmerzen hat.

Im 3. und 4. Lebensmonat bestehen diese Lautäußerungen zumeist aus Kehllauten (grrh, öh, eko). Zwischen dem 5. und 7. Monat beginnt das Kind zu „plaudern" oder zu „erzählen".

In der folgenden Zeit werden die einzelnen Silben verdoppelt. Auch werden Laute, die es öfter hört, nachgeahmt. Es wiederholt sie endlos und hat Spaß an seinen eigenen Lautproduktionen wie „ma-ma, da-da". Allmählich lernt das Kind, mit diesen Silben einen Sinn zu verbinden. Der erste wesentliche Schritt zum Sprechen ist getan. So könnte man das erste Lebensjahr als Vorbereitung zum Spracherwerb bezeichnen.

Wie kann gefördert werden?

Entwicklungsalter: ab Geburt

- Schon vom ersten Lebenstage an sollten die Eltern sich mit ihrem Kind unterhalten, auch wenn es noch nicht sprechen kann. Das Baby braucht diesen sprachlichen Kontakt, und dieses Zwiegespräch macht ihm großen Spaß (Abb. 14). Das Sich-Mitteilen als Austausch von Zärtlichkeiten und Gefühlen weckt die Freude an der gegenseitigen Verständigung. Sie ist eine wichtige Voraussetzung für die spätere Lust am Sprechen.
- Es ist zunächst gleichgültig, worüber Sie sprechen. Das Baby soll nur die Stimme der Mutter oder einer anderen nahen Bezugsperson hören. Dieser Stimmkontakt regt es an und bereitet es auf das Sprechen lernen vor.
- Wenn das Lall-Alter beginnt, variiert das Baby spielerisch mit den hervorgebrachten Lauten und Tönen. Anfangs ist es erstaunt, dass es

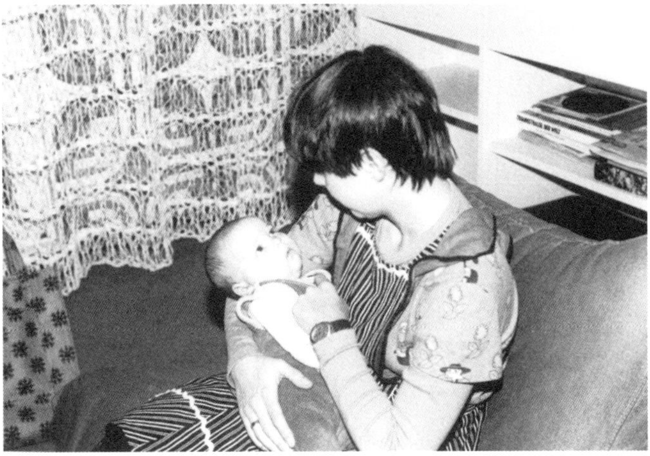

Abb. 14

selbst die Laute hervorbringen kann. Hat es dieses begriffen, so will es die neue Fertigkeit immer wieder ausprobieren. Dadurch, dass die Lallproduktionen des Kindes gleich von den Eltern aufgenommen und herzlich erwidert werden, erlebt es eine erneute Freude und wird angeregt, in „seiner Sprache“ fortzufahren. Diese Lall-Antworten sollten jedoch nicht zu lange beibehalten werden, sondern nur zu Beginn des Lall-Alters geschehen, da hier Worte noch eine Überforderung darstellen. Grundsätzlich soll der Erwachsene vom ersten Tage an deutlich, in knappen Sätzen und in immer gleicher sprachlicher Formulierung mit dem Kind sprechen. Dabei ist der Gefühlsgehalt anfangs wichtiger als der Wortsinn.

- Zur Förderung der Silbennachahmung gehen Sie so vor, dass Sie die vom Kind gebrachten Silben aufgreifen und in einen Sinn einmünden lassen, z.B. „ba-ba-ba, ja, wo ist er denn, der Ball“.

2.3 Wortverständnis

Die Augen leiten mehr und mehr das Gehör: „Aha, das ist Mamas Stimme!“ oder „Wenn ich Schrittgeräusche höre, wird gleich jemand bei mir erscheinen“. Das alles geschieht noch ohne Kenntnis von Worten. Aber noch ehe der Säugling das 1. Lebensjahr vollendet hat, wird er zumindest eine Wortbedeutung erlernt haben. Er wird beispielsweise verstehen, dass mit dem Wort „Mama“ eben nur seine Mama und niemand sonst gemeint ist. Voraussetzung ist die optisch vollzogene Unterscheidung zwischen der eigenen Mama und anderen Menschen. Auch hier stellen wir fest, dass alle Bereiche der kindlichen Entwicklung ineinander übergehen.

Wie kann gefördert werden?

Entwicklungsalter: ab 9 Monate

- Sprechen Sie in kurzen, klaren Sätzen. Versuchen Sie, die einzelnen Worte so deutlich wie möglich auszusprechen, damit Ihr Kind bei Ihnen sieht, wie Sie die Worte mit den Lippen formen. Sprechen Sie ihm Kinderreime vor, dramatisieren Sie den Inhalt, untermalen Sie ruhig alles mit übertriebener Mimik und Gestik. (Abb. 15)
- Bevor ein Baby ein Wort nachspricht, muss es dieses viele Male gehört haben. Es versucht dann, seine eigene Lautproduktion an das Gehörte anzugleichen. Das Ergebnis hört sich zunächst meist anders an und wird als „Babysprache“ bezeichnet. Sie entspricht voll und ganz dem noch relativ geringen Leistungsvermögen der Sprechmuskeln. Sprechen Sie Ihrem Kind immer die richtigen Worte vor.
- Anfangs mag es nötig sein, einzelne Worte der „Babysprache“ aufzugreifen, damit das Kind seine eigenen Laut- und Wortgebilde wieder erkennt, sich darüber freut und zu neuem „Sprechen“ angeregt wird. Hat es offensichtlich Spaß am Produzieren von Worten, sollten Sie die „Erwachsenensprache“ gebrauchen, damit es vergleichen und dadurch seine Aussprache mit der Zeit verbessern kann. Nie sollten Sie das Kind beim Sprechen kritisieren oder korrigieren. Antworten Sie stattdessen mit einem Satz, in dem das vom Kind noch falsch gebildete Wort richtig ausgesprochen wird. Z.B. das Kind sagt „Mi-Mi“ statt Milch. Es könnte dann geantwortet werden: „Möchtest du Milch?“

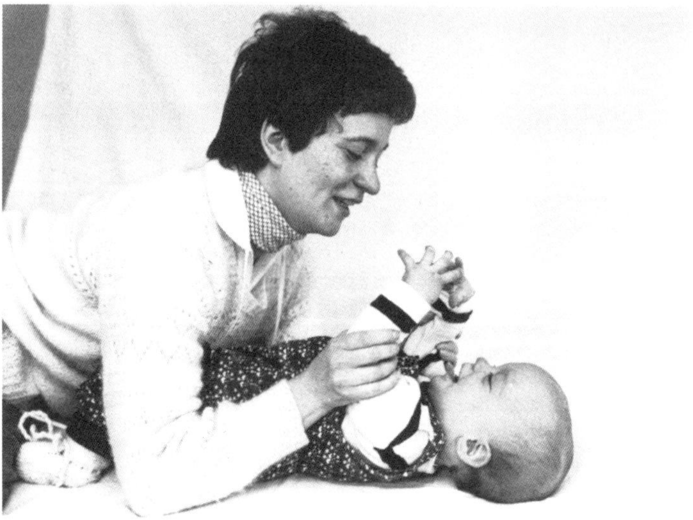

Abb. 15

2.4 Wortnachahmung

Aus den Laut- und Silbenkombinationen werden allmählich richtige Wörter. Über die Stufe des selbst nachahmenden Lallens kommt es zur Fremdnachahmung. Die ersten Worte, die ein Kind am Ende des ersten Lebensjahres nachspricht, brauchen für das Kind keineswegs immer eine Bedeutung zu haben. Es versteht ihren Sinn anfangs meist noch nicht. Es ahmt einfach Worte nach, die es gehört hat.

Lange bevor ein Kind selbst sprechen kann oder gar bestimmte Dinge beim richtigen Namen nennt, lernt es auch schon, oft gehörte Wörter mit bestimmten Dingen und Sachverhalten zu verbinden. Es versteht z.B. seinen Namen oder freut sich, wenn es heißt: „Jetzt fahren wir spazieren." Nun begreift das Kind auch, dass Dinge und Worte zusammengehören; d.h., es ist in der Lage, sich an Worte zu erinnern. Wenn es mit einem Ball spielen möchte, so ruft es „Ba-ba".

Wie kann gefördert werden?

Entwicklungsalter: ab 15 Monate

- Benennen Sie immer den Gegenstand, der im Augenblick das Interesse des Kindes am meisten erweckt. Die Gegenstände, die benannt werden, müssen dem Kind bekannt und völlig vertraut sein. Oft sind die ersten Worte Namen von Familienangehörigen (Mama, Papa, Oma, Opa), Bezeichnungen für Spielsachen (Ball, Auto, Puppe, Teddy) oder Teile des Körpers (Nase, Mund, Ohren, Augen). Jetzt helfen auch die ersten Bilderbücher den Wortschatz zu erweitern.

Wenn Sie ein neues Wort üben, gehen Sie am besten so vor: Sie zeigen dem Kind einen Gegenstand und nennen gleichzeitig das Wort. Später sagen Sie den Namen des Gegenstandes und lassen diesen dann zeigen oder aus mehreren anderen Dingen heraussuchen. Wieder später zeigen Sie einen Gegenstand und lassen das betreffende Wort nennen. Diese Art Spiele machen Kindern Freude. Bald benennen sie von selbst Gegenstände oder zeigen darauf und wollen den Namen wissen.

- Hat die Nachahmungsphase einmal begonnen, wird das Kind alle möglichen Wörter nachzuahmen versuchen, die es hört. Bald findet es auch Spaß daran, ungewohnte oder schwierige Bezeichnungen nachzusprechen. Manchen Kindern bereitet es sichtlich Freude, dabei die Silben eines Wortes zu vertauschen oder einen falschen Vokal zu benutzen.

Material: **Bezeichnung**	**Beschreibung**	**Verlag**
	Bilderbücher	
Susanne Riha Diese Sachen kenn ich schon	Ein allererstes Wortbilderbuch zum Erkennen und Benennen, zum Schauen und Staunen.	Arena
Irmgard Eberhard Meine liebsten Sachen	Das Papp-Leporello zeigt wichtige Gegenstände zum Spielen und Kuscheln aus dem Alltagsumfeld des Kleinkindes.	Ravensburger
Helmut Spanner Miau, Miau	Kleinkinder haben Spaß an Tierlauten und ahmen diese bald nach.	Ravensburger
Hermann Wernhard Mein erstes Buch	Motive aus der Welt des kleinen Kindes.	Ravensburger
Helmut Spanner Hallo, kleiner Bär!	Zwanzig Bilder zeigen, was der kleine Bär gerne macht.	Ravensburger
Monika Neubacher-Fesser Mein erstes Bilderbuch	Ein Pappbilderbuch ohne Worte: Allererste Gegenstände aus dem Kleinkinderalltag sind zu betrachten und zu benennen.	Ravensburger
Monika Neubacher-Fesser Mein erstes Tierbuch	Ein Tierbilderbuch ohne Worte für die Allerkleinsten.	Ravensburger
Olivier Tallec Wie macht der Frosch?	Ein Pappbilderbuch zum Anschauen und Zuhören. Der Frosch quakt, die Glocke läutet, der Hund bellt, die Schlüssel klappern, usw. Auf der beiliegenden Audio-CD findet sich zu jedem Ding das entsprechende Geräusch.	Gerstenberg
Dorling Kindersley Kennst du das? Deine Welt	Ein Bilderbuch mit ersten Wörtern für die Allerkleinsten: zum Blättern, wieder Erkennen und sprechen Lernen.	Duden
Monika Neubacher-Fesser Bunter Kram	Hase, Ente, Puppenwagen, Schaukelpferd, Auto und vieles mehr findet sich in diesem Erstlingsbilderbuch.	Ravensburger
Hermann Wernhard Das alles kenn ich schon	20 Seiten mit vertrauten Gegenständen des Kindes. Die klaren Bilder erleichtern das Erkennen und motivieren zum Nachsprechen der ersten Wörter.	Ravensburger
	Siehe auch „Bilderkennung“, Kap 1.3, Seite 22	

2.5 Tätigkeitsbegriffe – Eigenschaftsbegriffe

Das Kind nimmt am Leben und Treiben in der Familie teil. Wenn die Eltern beschäftigt sind, beschreiben sie, was sie tun, während das Kind zuschaut. Viele neue Worte werden so im Laufe der Zeit in den Sprachschatz aufgenommen, ohne dass zunächst eine richtige Einordnung geschieht. Deshalb ist es immer wieder notwendig, Wortarten wie Eigenschafts- oder Tätigkeitswörter dem Kinde erlebnismäßig bewusst zu machen.

Wie kann gefördert werden?

Entwicklungsalter: ab 22 Monate

- Lassen Sie das Kind Eigenschaften von verschiedenen Dingen erfahren, z.B.: Das Kind hält die Hand unter kaltes Wasser, anschließend lässt die Mutter über die Hand gut warmes Wasser laufen. Es wird ein nasses Handtuch befühlt, nach der Wäsche wird der trockene Pullover oder das trockene Hemd angefasst.
  Desgleichen können Begriffe wie
  süß – sauer
  dick – dünn
  kurz – lang erarbeitet werden.
- Mit etwa 4 Jahren ist das Kind in der Lage, sich zu erinnern, wie es die verschiedenen Objekte schon gesehen hat. Sie könnten fragen: „Wie hast du den Himmel schon gesehen?“ Manchmal ist er blau, manchmal ist er wolkig. Nun können Sie den Himmel eine Reihe von Tagen beobachten und die betreffenden Bezeichnungen finden.
- Oder Sie schauen Blumen an! Die Blume kann blau, welk, frisch oder bunt sein. Auf diese Weise können Sie den Wortschatz des Kindes erweitern.
- Tätigkeiten benennen:
  Auch hier kann ähnlich vorgegangen werden. Sie beobachten auf Spaziergängen Tätigkeiten, indem Sie mit dem Kind stehen bleiben, wo es etwas zu sehen gibt, und erzählen, was dort geschieht. An der Tankstelle hält das Auto, der Fahrer steigt aus dem Auto, füllt Benzin in den Tank, bezahlt das Benzin, fährt wieder ab.
  Oder:
  Was tut die Mutter? Was tut der Vater? Was macht Markus?
  Durch solche Fragen ermuntern Sie Ihr Kind, das richtige Wort für die entsprechende Tätigkeit zu finden. Wichtig ist, dass es dann die Tätigkeit, wenn möglich, auch selbst praktisch ausführen kann. Die Mutter putzt die Wohnung, und Sandra putzt ebenfalls. Der Vater wäscht sich

die Hände, und Markus wäscht sich auch die Hände. Es können auch Bilderbücher gemeinsam betrachtet werden. Dabei sucht das Kind alle Bilder, auf denen Tätigkeiten abgebildet sind und benennt sie. Hierzu eignet sich besonders gut die Bildkarten-Serie „Tätigkeiten“ (Taschenformat). Kinder verschiedenen Alters zeigen einfache Tätigkeiten aus dem Alltag.

Material: **Bezeichnung**	**Beschreibung**	**Hersteller**
Adjektive (Fotokarten)	Die Bilder zeigen alltägliche Eigenschaften als Gegensatzpaare dargestellt: Voll – leer, groß – klein u.s.w.	Nathan
Tätigkeiten (Taschenformat)	Kinder verschiedenen Alters zeigen einfache Tätigkeiten aus dem Alltag.	Speechmark
Tätigkeiten	Es werden auf diesen Fotokarten Tätigkeiten aus dem Alltag gezeigt, die eindeutig erkannt und benannt werden können.	Nathan
Eckig – Rund – Kunterbunt (Maus-Holzspiel)	Im Spiel Formen, Farben, Materialien mit allen Sinnen erkunden.Unterschiede und Gemeinsamkeiten spielerisch mit den farbigen Spiel-Bausteinen entdecken und begreifen lernen.	Erzi
Kindergartenspiel	Spiel mit automatischer Richtigkeitskontrolle. Verschiedene Themen werden angeboten u. a. Tiere, Fahrzeuge, Werkzeuge, Tätigkeiten.	Heinevetter
Unser Haus	System Puzzle mit Selbstkontrolle. 192 Aufgaben zum Thema Wohnen anhand von Wohnräumen und deren Einrichtung, u. a. Tätigkeiten.	Heinevetter

2.6 Zahlenbegriffe

Manche Kinder lernen zählen, ohne zu wissen, was Zahlen bedeuten. Sie verstehen nicht, was die Zahl „vier“ bedeutet, und lernen die Zahlenfolge auswendig wie andere Verse oder Reime. Bevor das Kind überhaupt zu zählen beginnt, sollte es lernen, dass Zahlen eine Menge von Gegenständen oder Personen bezeichnen. Dies bildet die Grundlage aller Rechenarten wie Zuzählen, Abziehen, Malnehmen und Teilen.

Wie kann gefördert werden?

Entwicklungsalter: ab 2 Jahre

- Verwenden Sie zum Zählen etwas Greifbares: Knöpfe, Kastanien, Löffel, Teller oder Tassen. Alle Dinge, die gezählt werden, sollten sichtbar ausgebreitet liegen, und beim Zählen sollte jeder Gegenstand angefasst werden (Abb. 16).

Abb. 16

Sagen Sie: „Komm, lass uns die Teller zählen, damit wir sehen, wie viele wir haben: Eins“ (fassen Sie den Teller an), „zwei“ (berühren Sie den zweiten), usw. Dann sagen Sie zu Ihrem Kind: „Nun zähle du noch einmal!“ Anfangs mögen die Ziffern eins bis drei genügen.

- Im Alltag bieten sich viele Möglichkeiten zum Zählen. Eigentlich kann alles gezählt werden: die Fenster, die Türen, beim Wäschebügeln die Taschentücher usw. Bleiben sie immer in dem Zahlenbereich, der für Ihr Kind optisch überschaubar ist.

- Das bekannte Würfelspiel „Mensch ärgere dich nicht“ ist gut geeignet, das Zählen einzuüben. Dabei kann das Spiel für die jüngeren Kinder etwas abgewandelt werden, z.B.: „Wer hat zuerst seinen Stein im Ziel?“ So umgeht man die Frustration, die durch das Hinauswerfen entsteht und erhält die Freude am Würfeln und Zählen. Zu einem späteren Zeitpunkt hat dann selbstverständlich die normale Spielregel ihre Gültigkeit.

Material: Bezeichnung	Beschreibung	Hersteller
Numero	Zu jeder Zahl von 1 – 10 gibt es eine entsprechende Mengendarstellung. So lernt das Kind, Menge und Zahlenwert zu verbinden.	Selecta
Erstes Zählen	Ein Lege- und Puzzlespiel im Zahlenraum von 1 – 10. Hasen, Mäuse und Fische tummeln sich auf den Bildkarten. Zu jedem Bild sollen die passenden Würfel-, Ziffern- und Fingerkärtchen gesucht werden.	Ravensburger
Didacta-Puzzle – Wir zählen	Puzzle mit 10 Teilen. Von 1 – 10 können verschiedene Tiere vom Bauernhof gezählt werden.	Ravensburger
Zuordnung von Zahlen und Menge	Ein Spiel für den Zahlenraum von 1 – 10. Zur Einführung in die Begriffe Zahl und Menge. Mit Gegenständen, Zahlen und Anzahl der Finger dargestellt. Material: Holz	Goula
Zählen von Figuren	Zählen lernen und geometrische Grundformen erkennen. Entwicklung der optischen Wahrnehmung und des Erkennens von Formen und Zahlen. Für 1 – 4 Kinder. Ab 3 Jahre.	Goula
Mensch ärgere dich nicht	Würfelspiel	Schmidt
1, 2, 3 – Mäusezählerei	Wenn die Katze schläft, laufen die Mäuse im Vorratsregal hin und her. Da gibt es viele Leckereien für die Mäuse, die gezählt werden. Ein Spiel zum Puzzlen, Würfeln und Einsetzen von verschiedenen Holzfiguren.	Haba
Halli-Galli	Kartenspiel mit klaren Abbildungen von Früchten, die sich gut zum Zählen eigenen. Ist das Kind im Mengenüberblick und Zählen sicher, ist das Spiel als Reaktionsspiel sehr beliebt.	Amigo
Siebenpunkt	Eine Lernspielsammlung mit Zähl- und Gedächtnisspielen in unterschiedlichen Schwierigkeitsstufen.	Haba
Zahlentreppe mit der Maus	Ein Lernspiel um Zahlen, Mengen und Dimensionen. Treppenlängen und Stufenhöhen vermitteln auf einem Zahlenbrettchen 1 – 10 sehr anschaulich die Menge. Mit einem 3er Augenwürfel kann auch schon addiert und subtrahiert werden.	Erzi
Hamstern	Mit großem Eifer helfen die Kinder den fleißigen Hamstern bei ihrer Suche nach Äpfeln, Mohrrüben und Nüssen. So ganz nebenbei lernen sie das erste Zählen und Rechnen.	Amigo

Material: Bezeichnung	Beschreibung	Hersteller
	Bilderbücher	
Ana Maria Weller / Sabine Cuno Fünf auf großer Fahrt	Ein Zahlen-Fingerspielbuch. 12 Seiten mit durchgehend farbigen Bildern und 5 Fingerpuppen. Mit diesem Buch lernen schon die Kleinkinder die Zahlen kennen mit Hilfe ihrer Finger. Die fünf Freunde sind die Finger. Die 1 ist die Maus, die 2 der Igel, ... Und jede dieser Figuren gibt es als knuddelige Fingerpuppe.	Ravensburger
Georgia / Andrea Erne 10 kleine Bären	Zählen lernen mit Tieren. Im Mini-Format. 24 Seiten mit Bildern und Text.	Ravensburger
Johanna Brandstetter / Katja Reider 10 kleine Enten	s. oben	Ravensburger
Amrei Fechner / Andrea Erne 10 kleine Hunde	s. oben	Ravensburger
Amrei Fechner / Andrea Erne 10 kleine Katzen	s. oben	Ravensburger
Axel Scheffer Dschingel Dschangel Dschungel	Ein Zähl- und Puzzle-Buch. Ein Papp-Bilderbuch mit zehn 2-teiligen Puzzles.	Beltz / Gelberg
	Weitere Spiele und Bilderbücher zum Thema s. Kap. 1.9 „Mengenzuordnung“, Seite 41	

2.7 Sprachlicher Ausdruck – Satzbildung

Kinder sprechen zunächst noch ohne Satzbau. Die ersten „Sätze“ enthalten nur ein Wort, ein Hauptwort oder Tätigkeitswort, das einen vollständigen Gedanken ausdrückt. Das Kind zeigt auf ein Spielzeug und sagt: „Haben!“ Dieses soll heißen: „Ich möchte das Spielzeug haben!“

Etwa um das zweite Lebensjahr werden zwei Wörter zu einem Satz verbunden, z.B. „Bonbon haben“ oder „Tina trinken“. Oft werden die Worte dabei noch undeutlich ausgesprochen. Bald nach Auftreten des Zweiwortsatzes werden mehrere Worte zu kurzen Sätzen verbunden, die außer Haupt- und Tätigkeitswörtern auch schon Eigenschafts- und Umstandswörter enthalten („Papa geht arbeiten“, „Andrea nicht müde“).

Bis zum Alter von 4 Jahren machen kleine Kinder, selbst wenn sie hinsichtlich der Sprache gute Vorbilder im Elternhaus haben, noch viele grammatikalische Fehler.

Der Gebrauch von einfachen Sätzen, von erweiterten Sätzen und Satzgefügen nimmt zwischen 4 und 6 Jahren deutlich zu. In diese Zeit fällt auch das Erlernen der Bildungsform von Einzahl und Mehrzahl oder das Erlernen des Artikels.

Wichtig bei aller Sprachpflege und Sprachförderung ist, die Freude am Sprechen zu wecken und zu erhalten. Sie fördern dadurch die geistige Entwicklung des Kindes wesentlich, denn Sprechen und Denken gehören zusammen.

Die Sprache und damit auch die Größe des Wortschatzes sind sehr wichtig für die soziale und emotionale Entwicklung eines Kindes. Es gewinnt damit die Möglichkeit, sich anderen mitzuteilen. Kinder leiden darunter, wenn sie etwas sagen möchten, es aber nicht können, weil ihnen entweder die Wörter fehlen oder weil sie keine verständlichen Sätze zustande bringen. Für solche Kinder wäre es geradezu entmutigend, wollte man ständig auf grammatikalische Fehler hinweisen. Sie sollten nur sehr, sehr behutsam berichtigt werden.

Wie kann gefördert werden?

Entwicklungsalter: ab 2 1/2 Jahre

- Viele Möglichkeiten zum sprachlichen Austausch bieten sich außer im häuslichen Bereich beim Einkaufen, beim Spazierengehen, beim Besuch im Zoo, auf Baustellen, während einer Bahnfahrt oder beim Autowaschen. Hier kann der Wissensdrang des Kindes gestillt und der Lernprozess durch gemeinsames Erleben gefestigt werden.

- Haben Bilderbücher das Kleinkind in den ersten Jahren zum Betrachten herausgefordert, so regen sie später zum Sprechen und Erzählen an. Texte von Bilderbüchern, die die Eltern vorlesen, prägen sich besonders rasch ein, wenn sie in Reimform gehalten sind. Dadurch übernimmt das Kind fertige Satzformen, die es in die Spontansprache übertragen kann.

- Spiel mit dem Bilderbuch:
  Die Mutter betrachtet mit ihrem Kind die Bilder und liest die Verse oder kleinen Geschichten vor. Dabei erklärt sie neue Worte. Ist das Bilderbuch dem Kind vertraut, erzählt es selbst die Handlung der Bildergeschichte gemäß seinen eigenen Ausdrucksmöglichkeiten. Später kann

die Mutter eine bestimmte Abbildung aus dem Buch beschreiben und vom Kind suchen lassen.

- Die Sprechfreudigkeit sollte in der Zeit um das dritte und vierte Lebensjahr durch Reim- und Singspiele angeregt werden. Gerade Singen bereitet den Kindern Freude, und die Melodie gibt Gedächtnisstützen zur Festigung sprachlicher Inhalte.
- Viele Sprechanregungen kommen von der Kasperpuppe. Wie schnell können Sie dadurch Ihr Kind zu einem Zwiegespräch herausfordern. Wichtig ist ein gutes Vorbild im Sprechen. Das Kind wird dann selbst entdecken, wie die verschiedenen Satz- und Wortformen gebildet werden.

Material: **Bezeichnung**	**Beschreibung**	**Hersteller**
Papperlapapp	Sechs verschiedene Spielideen zur Förderung von Sprache, Sprechen und Hören. Dazu gibt es eine CD mit Geräuschen. Bunte Karten mit Abbildungen und kleine Spielfiguren stellen eine hohe Motivation und Anregung zum Sprechen dar.	Haba
Ratz-Fatz	Während eine Geschichte, ein Gedicht oder ein Rätsel vorgelesen wird, heißt es: Aufgepasst! Wenn ein Gegenstand, der auf dem Tisch liegt, genannt wird, schnell danach greifen. Das Spiel hat verschiedene Variationen und fördert die Konzentration, Sprachfähigkeit und die Reaktion.	Haba
Schwuppdibus	Omnibusse fahren um die Wette. Es gilt, möglichst viele Fahrgäste in die Stadt zu bringen. Manche steigen unterwegs aus oder setzen die Fahrt mit einem anderen Bus fort. Neben dem turbulenten Wettrennen fördert das Spiel die Satzbildung und Kommunikation.	Haba
Erzähl doch was!	Das Spiel besteht aus 4 Häusertafeln, 24 Situationskärtchen, 33 Bildkarten, 1 Spielplan, 1 Spielfigur und 1 Würfel. Verschiedene Spielvarianten sind möglich. Beim Erzähl- und Nacherzählspiel geht es darum, viele Worte gut zu überlegen, Geschichten zu erfinden oder sich an Erzähltes zu erinnern.	Schmidt
Teekesselchen	Ein Ratespiel, das die sprachliche Ausdrucksfähigkeit fördert. Auf einer Bildkarte sind zwei Begriffe abgebildet, die gleich lauten, aber unterschiedliche Bedeutungen haben. Beispiel: *Birne* als Obst und *Birne* als Glühlampe.	Haba

Material: Bezeichnung	Beschreibung	Hersteller
Kofferpacken	Ein lustiges Legespiel. Die Kinder nehmen die Karte aus dem Kasten , zeigen sie, benennen den Gegenstand und legen die Karte verdeckt auf den Tisch. Beim Einpacken des Koffers gilt es, den Gegenstand zu nennen und aus der verdeckten Reihe wieder zu finden.	Haba
Rollenspielmaterial	Handspielpuppen, Bauernhoftiere, Spiele mit dem Kaufladen, mit der Puppenstube. Verschiedene Figurenzusammenstellungen mit reichhaltigem Zubehör wie Eisenbahn, Krankenhaus, Feuerwehr, Post, Bauarbeiter, Indianer und Ritter.	Verschiedene Angebote im Handel
	Bilderbücher	
Eric Carle Die kleine Raupe Nimmersatt	Die Raupe macht sich auf einen aufregenden Weg nach Futter. Knappe Texte und große Bilder beschreiben die Entwicklung der Raupe zum Schmetterling.	Gerstenberg
Ali Mitgutsch Das neue Riesenbilderbuch	Die 7 Doppelseiten erzählen viele Geschichten. Im Zoo, am Hafen, im Märchenland, im riesigen Sandkasten oder in der Schneelandschaft verstecken sich allerhand kleinste Details. Es gibt viel zu entdecken und zu lachen.	Ravensburger
Der kleine Eisbär und der Angsthase	Der Schneehase Hugo ist ein richtiger kleiner Angsthase. Aber als Lars in eine gefährliche Lage kommt, wird Hugo ganz mutig.	Nord-Süd
Helmut Spanner Ich bin die kleine Katze	Ein erlebnisreicher Tag. Die kleine Katze lernt andere Tiere kennen.	Ravensburger
Ali Mitgutsch Komm mit ans Wasser	Wasserspaß durch das ganze Jahr.	Ravensburger
	Erzählende Bilderbücher	
Wolfgang de Haen / Rosemarie Künzler-Behncke Glück gehabt, kleine Maus!	17 kurze naturgetreue Geschichten und Bilder zeigen heimische Tiere wie z.B. Marienkäfer und Ameise, Hamster und Haselmaus, Frosch und Ente in ihren Lebensräumen. Auch für kleine Tierkinder ist das Leben ganz schön aufregend. Ihre Erlebnisse werden erzählt und sie sind richtig spannend.	Ravensburger

Material: Bezeichnung	Beschreibung	Hersteller
Eva Muszynski / Jana Frey Gute Nacht, ihr lieben Tiere	Hauptfiguren dieser liebevoll erzählten Geschichte sind Tiere in ihren Familien, Haustiere und Stofftiere. Tierkinder gehen genauso ungern ins Bett wie die Kleinen. Aber vielleicht helfen die Geschichten, den Übergang vom Tag zur Nacht zu finden.	Ravensburger
Markus Pfister Der Regenbogenfisch	Der Regenbogenfisch ist mit seinem schillernden Schuppenkleid der allerschönste Fisch im Ozean. Da er aber eitel und stolz ist, wird er mit der Zeit immer einsamer. Er merkt, dass man durch Schönheit keine Freunde gewinnen kann.	Nord-Süd
Sam McBratney / Anita Jeram Weißt du eigentlich, wie lieb ich dich hab?	Bis zum Mond und wieder zurück haben wir uns lieb. Ein liebenswertes Bilderbuch.	Sauerländer
Doris Rübel Mein rotes Bobby-Car	Das geliebte rote Auto darf überall hin: An den Frühstückstisch, zum Spielplatz und abends ans Bett.	Ravensburger
Rotraut S. Berner Winter-Wimmelbuch	Ein stabiles Pappbilderbuch mit 7 großformatigen Bildern, die ganz unterschiedliche Orte und Situationen zeigen.	Gerstenberg
Axel Scheffler / Julia Donaldson Die Schnecke und der Buckelwal	Die abenteuerliche Reise einer neugierigen Schnecke und eines Wals, der ihr die Wunder der Welt zeigt. Ein bezauberndes Bilderbuch, in Reimen erzählt und mit schönen Illustrationen.	Beltz
Leo Lionni Frederick	Frederick ist ein Mäuserich. Alle Feldmäuse arbeiten Tag und Nacht, sammeln Körner, Halme und Nüsse für den Winter. Nur Frederick nicht. Er sammelt Sonnenstrahlen, Farben und Wörter. Das sind seine Vorräte. Doch was geschieht, als im Winter der Vorrat der anderen Mäuse aufgebraucht ist? Frederick stärkt sie mit dem, was er gesammelt hat.	Beltz u. Gelberg
Benno Pludra / Ingeborg Meyer-Rey Heiner und seine Hähnchen	Heiner kümmert sich um seine 3 Hähnchen. Damit sie es schön sauber haben, geht er zum Strand, um frischen Sand zu holen. Dort gibt es aber so viel zu sehen und Heiner kommt nicht zurück. Da machen sich die Hähnchen auf den Weg und suchen ihn.	Beltz
Samuil Marschak / Ingeborg Meyer-Rey Das Tierhäuschen	Freundschaft ist eine wirksame Waffe der Schwächeren. So auch bei dem Frosch, der Haselmaus, dem Hahn und dem Stacheligel. Gemeinsam verteidigen sie ihr Häuschen gegen Wolf, Bär und Fuchs. Die Dialogform der Verse eignet sich auch gut zum Nachspielen.	Beltz

Material: Bezeichnung	Beschreibung	Hersteller
Fred Rodrian / Werner Klemke Das Wolkenschaf	Das Wolkenschaf ist auf die Erde gefallen. Christine findet es und hat mit ihm viel Mühe. Zirri isst nicht und will auch nicht spielen. Es sehnt sich zurück zu seinen Geschwistern. Christine überlegt, wer ihm helfen kann.	Beltz
Elisabeth Shaw Die Schildkröte hat Geburtstag	Die Schildkröte hat Geburtstag. Am liebsten hätte sie einen Salatkopf. Ob wohl einer daran denkt? Der Löwe kommt und schenkt ihr ein Stück Fleisch, der Elefant einen Eimer Wasser. So geht es fort bis zum Abend. Da hört die Schildkröte eine kleine Stimme. Es ist die Maus mit einem großen Paket.	Beltz
Elisabeth Shaw Zilli, Billi und Willi	Drei muntere Schweinchen bauen sich unterschiedliche Häuser. Zilli baut sein Haus aus Stroh, Billi aus Holz und der schlaue Willi aus Stein. Nun warten sie auf den Wolf. Der kommt und pustet das Stroh- und das Holzhaus weg. Wäre Willis Steinhaus nicht gewesen, hätten sich Zilli und Billi nicht retten können.	Beltz
Leo Lionni Alexander und die Aufziehmaus	Alexander ist wenig beliebt. Er möchte so gern auch beliebt sein wie Willi, die Aufziehmaus. Aber eines Tages findet Alexander die Aufziehmaus in einer Schachtel mit altem Spielzeug auf dem Müll. Die Zaubereidechse weiß Rat. Sie verwandelt Willi in eine richtige Maus.	Beltz
	Sachbilderbücher	
Irmgard Lucht Ich sehe was, was du nicht siehst …	Ein Naturbilderbuch mit 26 Türchen zum Hineinschauen und Entdecken. Ausführliche Erklärungen zu den Tieren und Pflanzen.	Ravensburger
Marie Kolazcek Was ist los im Weltall?	Wo ist die Sonne bei Nacht? Warum fällt der Mond nicht auf die Erde? Ein Buch mit vielen Bildern, Zieh-, Dreh- und Klappelementen, das Auskunft auf viele Fragen gibt.	Coppenrath
Irmgard Maria Burtscher Natur- und Himmelsforscher	Wie entsteht ein Regenbogen? Was passiert, wenn man Wasser heiß macht? In diesem Buch wird gezeigt, wie Kinder ihre Fragen durch Experimente selbst beantworten können.	Don Bosco
Nick Butterworth u. Mick Inkpen Wunderbare Welt	Die Geschichte unserer Erde, farbenprächtig dargestellt. Interessante Gucklöcher, Klappen zum Verschieben, ein Spiegel und vieles mehr machen das Buch spannend und liefern viele Denkanstöße.	Brunnen

Material: Bezeichnung	Beschreibung	Hersteller
Gisela Walter Reihe: – Erde – Luft – Wasser – Feuer	Jeder der 4 Bände enthält leicht verständliche Sachinformationen und beantwortet viele Fragen, die Kinder zu diesen Themen haben. Mit Geschichten, Liedern, Vorschlägen fürs Malen und Gestalten können die Inhalte vielfältig aufgearbeitet werden.	Herder
Doris Rübel / Ulrike Holzwarth-Raether Technik bei uns zu Hause	Wie zeitaufwendig wäre unser tägliches Leben ohne technische Hilfsmittel. In diesem Buch werden viele unserer täglichen Helfer anschaulich erklärt. Beispiele: Wie entsteht Strom? Woher kommt das Wasser? Wie ist das mit dem Telefon, der Waschmaschine, der Spülmaschine usw.	Ravensburger
Stephan Rürup / Imke Stolz Vom Getreidekorn zum Brot	Wie wird aus dem Getreidekorn ein Brot? Was da so alles passiert, zeigt in spannenden Klappen das Bilderbuch. Herausnehmbare Bildkärtchen auf der letzten Seite zeigen auf einen Blick, wie das Brot entsteht.	Coppenrath
Annette Güthner / Jörg Hartmann Von der Baugrube zum Haus	Wie wird aus der Baugrube ein Haus? Was da so alles passiert, kann man in diesem Buch auf vielen tollen Bildern mit spannenden Klappen genau erkennen. Herausnehmbare Bildkärtchen auf der letzten Seite zeigen nochmals auf einen Blick, wie das Haus gebaut wird.	Coppenrath
Sachbuchreihe: Wieso? Weshalb? Warum?	Verschiedene Themen z.B.: – Mit der Feuerwehr unterwegs – Alles über die Eisenbahn – Zu Besuch beim Kinderarzt – Wir entdecken die Stadt – Pass auf im Straßenverkehr und noch weitere Titel. 16 Seiten je Buch.	Ravensburger
	Lern-, Spiel- und Spaßlieder	
Detlef Jöcker 1, 2, 3 im Sauseschritt	Lustige und beliebte Kinderlieder. 1 Liederbuch, 1 CD	Menschen- kinder
Detlef Jöcker Und weiter geht's im Sauseschritt1	Schwungvolle, mitreißende „Ohrwürmer“, z.B. Flummilied – Alle Kinder dieser Erde u. a. Liedspielbuch, 1 CD	Menschen- kinder

Material: Bezeichnung	Beschreibung	Hersteller
Detlef Jöcker Si-Sa-Singemaus	Für Krabbel- und Kindergartenkinder. 14 fröhliche, leicht zu singende Lieder. 1 Liederbuch, 1 CD	Menschen-kinder
Rolf Zuckowski / Julia Ginsbach Rolf's Vogelhochzeit	Ein fröhliches Bilderbuch zum Anschauen, Nachspielen und Singen! 1 Liederbuch, 1 CD	Polyglott
Rolf Zuckowski Im Kindergarten	Diese CD wurde speziell für den Kindergarten aufgenommen.	Polyglott
Klaus W. Hoffmann Die schönsten Kinderlieder aus aller Welt	Kinderlieder-Klassiker aus dem In- und Ausland. 1 CD	Patmos
Gisela Walter (Hrsg.) / Marlis Scharff-Kniemeyer Die schönsten Kinderlieder	Über 100 bekannte Lieder, die die Kinder gerne mitsingen. Dazu gibt es die Musikkassette zum Buch.	Ravensburger
Sabine Seyffert (*Lieder: Detlef Jöcker*) Im Kribbel Krabbel Mäusehaus	Diese Lieder sind speziell für die Allerkleinsten. Buch auch mit Bastelideen und CD.	Menschen-kinder
	Kinderlexika	
Theora Krummel / Patricia Mennen Mein ersten Ravensburger Lexikon von A – Z	Dieses Lexikon erklärt Begriffe aus der Welt der Technik, Tiere, Gefühle und des Alltags für Kindergartenkinder und Grundschüler.	Ravensburger
Amrey Fechner / Claudia Toll Mein erstes Tierlexikon	Dieses Buch lädt Kinder zu einer Entdeckungsreise in die faszinierende Tierwelt ein. Schon für Kindergartenkinder geeignet, um den Wissensdurst zu stillen.	Ravensburger
Meyer Die kleine Kinderbibliothek	Die kleine Kinderbibliothek ist eine empfehlenswerte Buchreihe für Kinder, die alles wissen wollen. Es werden Kinderfragen auf lebendige und anschauliche Weise beantwortet. Transparente Seiten zeigen das Innenleben der Dinge und machen Verdecktes sichtbar. Preisgünstige Bücher für Kinder ab 3 Jahren. Je 24 Seiten. Beispiele: – Der Apfel – Der Bauernhof – Der Elefant – Die Baustelle	

Material: Bezeichnung	Beschreibung	Hersteller
	– Das Wetter – Das Auto – Im Krankenhaus und vieles mehr. Für Neugierige ab 3 Jahren eignen sich besonders die Reihen: – Licht an – Daumen drauf – Klappe auf Durch das Klappenprinzip eignen sich die Bändchen hervorragend als Suchspiel.	Meyer
Renate Seelig (Illustration) Mein erster Brockhaus	In diesem Lexikonklassiker können schon kleine Kinder Vertrautes und Neues betrachten, entdecken und benennen. Die Begriffe sind alphabetisch geordnet und erstrecken sich über verschiedene Themengebiete.	Brockhaus
Renate Seelig (Illustration) Mein kleiner Brockhaus	Diese kleine Pappbilderbuchreihe zeigt alles, was die Kleinsten interessiert. Das handliche Format und die robuste Verarbeitung sind besonders kindgerecht. Je Band 28 Seiten. – Bauernhof – Fahrzeuge – Von A – Z – Jahreszeiten – Mein Tag – Tiere – Unterwegs – Erste Wörter	Brockhaus
Duden Mein erstes Wörterbuch	Wie heißt das Pferd mit den schwarzen Streifen? Was ist oben, was ist unten? Was ist grün? Mit Farbfotos, lustigen Spielfiguren und liebevollen Illustrationen werden die einzelnen Begriffe erläutert. Rund 1000 Begriffe des Grundwortschatzes. Ab 3 Jahre geeignet.	Duden
Der A-B-C-Duden	Vom Buchstaben zum Alphabet – ein erstes Wörterbuch. Seite für Seite Lernspaß mit den Buchstaben des ABC! A wie Affe, B wie Banane, C wie Comic usw. Vielfältige Übungen und Bilder helfen bei dem ersten Kennen lernen der Buchstaben.	Duden

2.8 Farbenbegriffe

Unterschiedliche Farben hat das Kind schon bei den Zuordnungsübungen (vergl. Kap. 1.7 „Farbenzuordnung“ auf Seite 34) kennen gelernt. Ist es in der Lage, farbliche Gegenstände vom Sehen her zu ordnen, soll es nun die Farbbenennungen kennen lernen. Vielen Kindern bereitet das Erlernen der Farbbezeichnung viel Mühe. Daher empfiehlt es sich, nur mit einer Farbe, z.B. rot, zu beginnen.

Wie kann gefördert werden?

Entwicklungsalter: ab 3 Jahre

- Als Material benötigen Sie 5 rote und 5 blaue Pappkarten (Größe etwa 8 x 8 cm). Alle Pappkarten werden ungeordnet auf dem Tisch ausgebreitet. Der Erwachsene zeigt dem Kind eine Karte und sagt: „Dies ist eine rote Karte. Suche mir noch eine rote Karte.“ Hat es eine gefunden, so soll es die Karte mit dem Wort „rot“ benennen. Es werden alle roten Karten herausgesucht und benannt.
- Als Variation kann Folgendes gespielt werden:
  Das Kind nimmt eine Farbkarte und sucht einen gleichfarbigen Gegenstand oder ein gleichfarbiges Spielzeug (dafür sorgen, dass genügend Dinge der Grundfarbe in der Nähe zu finden sind). Dabei benennt es immer die Farbe: „Der Schuh ist rot“, „der Bauklotz ist rot“.
- Eine weitere Möglichkeit besteht darin, Perlen aufzufädeln. Eine rote Perle, eine blaue Perle usw. Erst wenn das Kind einen Farbenbegriff ganz sicher beherrscht, wird der nächste eingeführt.
- Je mehr Farben gekonnt werden, desto mehr kann das Farbenspiel in den Alltag einbezogen werden. Bei jeder sich bietenden Gelegenheit kann die Farbbenennung geübt werden. „Gib mir das gelbe Buch!“. „Welche Farbe haben deine Strümpfe?“. „Bei Grün gehen wir über die Straße“. „Was für ein Kleid hat das Kind an?“
- Beim Farben-Domino kann jeweils die Farbe benannt werden, die gerade angelegt wird.

Material: Bezeichnung	Beschreibung	Hersteller
	Bilderbücher	
Georgia / Sabine Cuno Mein erstes Puzzlebuch: Meine Farben	Ein Buch für die Kleinen mit Spieleffekt.	Ravensburger
Leo Lionni Das kleine Blau und das kleine Gelb	Ein Bilderbuch, mit dem es sich fantasieren und träumen lässt, mit einprägsamen Versen um ein blaues und ein gelbes Farbtupferkind.	Oetinger
Marite Mahringer / Eric Battut Der kleine Klecks	Von Farben und ihren Wirkungen erzählt diese Geschichte in wunderschönen Bildern. Der kleine rote Klecks macht sich auf die Reise durch die Welt. Er sieht grüne Felder, gelbe Wüsten und vieles mehr.	Patmos
Marielle und Robert Seitz Rot, gelb, blau und alle Farben	Die Faszination der Farben entfaltet sich in einer Vielzahl von Spielen, Übungen und Experimenten.	Don Bosco
Dagmar Binder / Maria Blazejorsky Himmelblau, Sonnengelb und Rosenrot	Kinder entdecken die bunte Welt der Farben. Sie erfahren, warum die Erde der blaue Planet heißt und was der grüne Daumen macht. Das Farbenbuch regt sie mit Geschichten, Liedern und Gedichten an, die Farben bewusster wahrzunehmen. Viele Anregungen zum aktiven Umgang mit Farben.	Patmos
Helme Heine / Frederik Vahle Die Farben	Welche Farben hat der Regenbogen? Schaf, Maus, Hahn , Schwein und das Küken machen sich auf die Suche. Sie wollen erfahren, woher der Regenbogen seine Farben hat.	Beltz / Gelberg
	Weitere Spiele und Materialien zur „Farberkennung und Farbzuordnung“ siehe Kap 1.7 Seite 34	

2.9 Zuhören

Eine gute Beherrschung des gesprochenen Wortes setzt voraus, dass das Kind vorher zuhören und verstehen gelernt hat. Wie schwer fällt heute den meisten Kindern diese Fähigkeit. Sie werden abgelenkt von vielen Reizen und sind nicht mehr in der Lage, konzentriert Informationen über das Ohr aufzunehmen. Da dieses aber für alle Lernprozesse eine wichtige Voraussetzung ist, sollte schon das kleine Kind darin geübt werden.

Wie kann gefördert werden?

Entwicklungsalter: ab 3 Jahren

- Hierfür gibt es wieder eine ganze Reihe lustiger Spiele. Erzählen Sie eine kurze Geschichte, in der Ihr Kind ein bestimmtes Wort oder ein Ereignis erraten muss: z.B. „Wer klingelt an der Haustür?" Die Person wird beschrieben, es wird erzählt, was sie bringt oder was sie holen möchte, und das Kind soll nun erraten, um wen es sich handelt. Es könnte der Postbote, die Oma, der Vater, der Schornsteinfeger, der „Nikolaus" sein.
- Beschreiben Sie einen Weg, den Sie gegangen sind, eine kleine Handlungsfolge oder eine kurze Geschichte und lassen Sie das Kind das Gehörte wiedergeben.
- Ganz besonders intensiv übt sich ihr Kind im Zuhören, wenn Sie ihm eine Geschichte vorlesen. Auch wenn es später in der Schulzeit schon selbst lesen kann, sollten Sie das Vorlesen als gemeinsames Vergnügen beibehalten. Mit dem Vorlesen wecken und erhalten Sie außerdem das Interesse Ihres Kindes an Büchern. Versorgen Sie es auf diesem Wege so lange mit reichlichen Zuhörangeboten, bis es selbst mühelos Lesestoff „verschlingen" kann.

Material: **Bezeichnung**	**Beschreibung**	**Hersteller**
Annelies Schwarze Das hast du toll gemacht.	Kleine Geschichten, die Kinder selbstbewusst machen.	Loewe
Manfred Mai / Rolf Bunse 1-2-3 Minutengeschichten zur Weihnachtszeit	30 Vorlesegeschichten, die von Wünschen und Geschenken, von Schneemännern, vom Nikolaus und von Jesus, als er klein war, erzählen.	Ravensburger
Julia Boehme / Bettine Gotzen-Beck Meine allerersten Gutenacht-Geschichten	Wunderschöne Träume und zauberhafte Kuschelstunden. Auf jeder Seite dieses Buches lädt eine fantasievolle Geschichte zum Anschauen, Entdecken und Erzählen ein.	Loewe
Manfred Mai / Gabi Hilgert / Katrin Engelking Die schönsten 1-2-3 Minutengeschichten	100 der schönsten 1-2-3 Minutengeschichten sind in einem dicken Vorlesebuch gesammelt.	Ravensburger

Material: Bezeichnung	Beschreibung	Hersteller
Ravensburger (Hrsg.) Neue Bilderbuchgeschichten für jeden Tag	Diese Geschichten laden zum Betrachten und Vorlesen ein. Kindgerechte Erlebnisgeschichten zu spannenden Themen wie Eisenbahn und Zoo.	Ravensburger
Christine Georg / Carola Henke (Hrsg.) Sabine Schuler (Hrsg.) Das Ravensburger Buch der Bärengeschichten.	Dieses dicke Vorlesebuch beinhaltet eine Vielzahl von liebenswerten und lustigen Geschichten, Liedern und Gedichten über kleine, große, weiße, braune, tapsige und plüschige Bären. Autoren wie Guggenmos, Helene Heine, Janosch und Mirjam Pressler sind darin zu finden.	Ravensburger
Gebrüder Grimm / Hans Christian Andersen Mein bunter Märchenschatz	Dieser ansprechend illustrierte Band enthält eine Sammlung der schönsten und bekanntesten Märchen wie z.B. Rumpelstilzchen, die Bremer Stadtmusikanten, Hans im Glück oder die Prinzessin auf der Erbse.	Ravensburger
Sabine Schuler (Hrsg,) Das Ravensburger Buch der Tiergeschichten	Ein liebevoll illustriertes Buch mit Geschichten, Liedern und Gedichten von großen und kleinen Tieren, von Bienen, Mäusen, Fröschen, Hunden, Affen, Bären, Elefanten und vielen anderen.	Ravensburger
Pat Alexander / Carolin Cox Meine kleine Kinderbibel	Lebendige Texte machen mit den Geschichten aus dem Alten und Neuen Testament vertraut. Durchgehend farbig illustriert.	Brunnen
Gabriele Kernke / Jana Frey Nur Mut!	10 Geschichten über mutige Kinder. Ob beim Arzt, beim Einkaufen alleine oder beim Ehrlich-Sein, oft gehört Mut dazu.	Ravensburger
Amrei Fechner / Rosemarie Künzler-Behncke Erste Bildergeschichten von kleinen Tieren	Es sind Geschichten von Tieren, die die Kinder kennen: Von der Katze, dem Hund, der Ente, der Maus, dem Hasen und von ihren Freunden.	Ravensburger
	Hör-Kassetten und CDs.	
Janosch Der Josa mit der Zauberfiedel	Mit seiner Zauberfiedel kann der kleine Köhlersohn Josa den Mond halb und wieder ganz fiedeln.	Grammophon
Janosch Kasper Mütze	7 Mützen hat Kasper Mütze. Für jede Lebenslage eine. Eine zum Denken, eine, wenn ihm Unfug gelungen ist, eine, wenn er eine Idee sucht.	Grammophon
Erich Kästner Der gestiefelte Kater	Erzähler: Hans Jürgen Schatz	Grammophon

Material: Bezeichnung	Beschreibung	Hersteller
Marcus Pfister / Detlev Jöcker Regenbogenfisch, komm hilf mir!	Helfen braucht Mut! Das erfährt auch der Regenbogenfisch.	Menschen-kinder
Astrid Lindgren Wir Kinder aus Bullerbü	Hörspiele der bekannten Autorin für Kindergartenkinder von Kurt Vethake – Mehr von uns Kinder aus Bullerbü Hörspiel von Wolfang Buresch – Immer lustig in Bullerbü Hörspiel von Wolfang Buresch	Grammophon
Detlev Jöcker	Hörgeschichten und Musik gesprochen von Heiner Heusinger – Die schönsten Tiergeschichten – Die schönsten Weihnachtsgeschichten – Die schönsten Kindermärchen – Die schönsten Lach- und Spaßgeschichten – Die schönsten Gutenachtgeschichten	Menschen-kinder

2.10 Zeitbegriffe

Kinder im Vorschulalter haben nur eine verschwommene Zeitvorstellung und wenden deshalb zeitliche Begriffe wie *gestern*, *heute* oder *morgen* noch recht wahllos an.

Oft ist es ihnen unmöglich zu verstehen, was der Erwachsene damit meint, wenn er von gestern Abend spricht oder vom nächsten Sonntag. Wenn die Mutter sagt: „Morgen bekommst du ein Match-Box-Auto“, so ist es dasselbe, als würde sie sagen: „In einigen Monaten ...“. Um diesem Problem zu begegnen, bringen wir dem Kind die Zeiteinteilung in Form von Spielen nahe. (Abb. 17)

Abb. 17

Wie kann gefördert werden?

Entwicklungsalter: ab 3 Jahre

- Der Erwachsene bespricht die Tageseinteilung anhand des täglichen Ablaufs und der Ereignisse:
  Morgens, das ist die Zeit, wenn du ausgeschlafen hast. Dann stehst du auf, danach frühstücken wir, und dann gehst du in den Kindergarten.
  Mittag ist es, wenn du aus dem Kindergarten kommst. Dann essen wir zu Mittag. Nachmittags ist die Zeit von Mittag bis zum Abend; dann trinken wir Kakao.
  Abends wird es dunkel; wir essen zu Abend und gehen dann schlafen.
  Das alles – morgens, mittags, nachmittags und abends – ist ein Tag.
  Die Nacht ist fast genauso lang wie der Tag. Nachts schlafen wir.
- Zu dieser Zeiteinteilung können Sie auch vom Kind Bilder malen lassen. Man kann auch dazugehörige Dinge zu einer bestimmten Zeit ausschneiden und in Form eines Tageskalenders zusammenstellen lassen: Was machen wir alles morgens? Was brauchen wir alles am Morgen? Was brauchen wir mittags? usw.
- Ist die Tageseinteilung verstanden, können Sie zu den Begriffen gestern – morgen – heute übergehen. Dabei sollen Sie darauf achten, dass zunächst immer von einem einprägsamen Erlebnis des Kindes ausgegangen wird.
- Die Wochentage werden zunächst einfach in der Reihenfolge auswendig gelernt. Ein Wochenkalender, bei dem zu jedem Tag ein bestimmtes Ereignis zugeordnet wird (z.B. Montag gehen wir schwimmen, Dienstag ist Flötenstunde), kann das Lernen vereinfachen und veranschaulichen.
- Ähnlich werden dann die Jahreszeiten Frühling – Sommer – Herbst und Winter spielerisch erarbeitet.

Material: **Bezeichnung**	**Beschreibung**	**Hersteller**
Mein erster Kalender	Zuerst puzzeln – dann spielen! Spielend lernen die Kinder die Wochentage, die Monate und die Jahreszeiten.	Ravensburger
Frühling, Sommer, Herbst und Winter	Spielerisch erleben die Kinder den Verlauf der Jahreszeiten. 4 einfache Spiele für 2 – 4 Kinder.	Haba
Schneemannspiel	Ein Wettlaufspiel. Bevor die Schneemänner ins Ziel gelangen, müssen sie aus ihren 3 Teilen komplett zusammengesetzt werden.	Haba

Material: Bezeichnung	Beschreibung	Hersteller
Schule – fertig los!	Ein lustiges Gedächtnisspiel mit verschiedenen Schwierigkeitsgraden. Das Ziffernblatt mit beweglichen Ziffern übt den Umgang mit der Uhr. Die Kinder erleben, wie sich ihr Tagesablauf durch den Schulanfang verändert.	Haba
Lernuhr aus Holz	Naturlackiert, Durchmesser ca. 20 cm.	Beck
Didacta-Puzzle Vier Jahreszeiten	30 Teile	Ravensburger
Tick, tack, die Uhr	In diesem Spiel lernen die Kinder, wie die Uhrzeiten auf verschiedenen Zifferblättern aussehen und lernen die viertel, halben und dreiviertel Zeiten.	Schmidt
Logico Rondo Übungsgerät und Arbeitsheft: Frühling, Sommer, Herbst und Winter	Ein Lernsystem mit Selbstkontrolle. Die 6 farbigen Knöpfe des Gerätes sind nicht nur ein leuchtender Blickfang, sondern signalisieren auch die bewusst begrenzte Anzahl der Aufgaben.	Finken
Kalenderuhr	Auf einem Sperrholzbrett in der Größe 44 x 44,5 cm sind die Jahreszeiten, Monate, Tage, die Uhr in Minutenabständen und die Wetterlage abzulesen.	Eibe
	Bücher	
Spielen und Lernen Bilderbuch 2003: Mit Jakob durch die Jahreszeiten	Ein beliebtes Bilderbuch mit kleinen Geschichten zu den Jahreszeiten.	Velber
Eric Carle Die kleine Raupe Nimmersatt	Fressend bahnt sich die kleine Raupe durch das Buch, um als Schmetterling wieder ans Licht zu kommen. An jedem Tag der Woche frisst sie etwas anderes.	Gerstenberg
Amrei Fechner Ich bin der kleine Bär	Der neugierige kleine Bär erlebt die Jahreszeiten, und als es Winter wird, krabbelt er mit seiner Mama zurück in die warme Höhle.	Ravensburger
Bianka Minte-König / Hans Günter Döring Komm mit, wir entdecken die Jahreszeiten	Frühling, Sommer, Herbst und Winter – das ganze Jahr über gibt es für Kinder viel zu entdecken.	Thienemann
Angela Weinhold Die Uhr und die Zeit	Spielerisch die Uhr lesen lernen. Dieses Buch vermittelt erste Begriffe von Zeit – die Tag und Nacht oder Jahreszeiten. Auch das Uhren-Lesen wird gelernt. Eine Uhr hilft beim Üben.	Ravensburger

Material: Bezeichnung	Beschreibung	Hersteller
Doris Rübel / Hermien Stellmacher Weißt du denn, wie spät es ist?	Eine alltagsnahe, humorvoll erzählte Geschichte, die Zeit erlebbar macht. In jedem Bild sind Uhren sichtbar. Im Anhang ist eine ausklappbare Uhr zum Nachstellen. So wird das Uhrenlesen lernen kinderleicht.	Ravensburger
Gabriele Dal Lago Wie viel Uhr ist es?	Um wie viel Uhr steht Sofie auf? Wann geht sie in den Kindergarten und um welche Zeit geht sie ins Bett? Die kleine Uhr zeigt, wie spät es ist, und auf der großen Uhr kann man die Zeiger selbst drehen und die Zeit einstellen.	Kerle
Ursula, Monika u. Petra Bezdek Frühling, Sommer, Herbst und Winter	Mit dieser neuen Jahreszeitenreihe lernen Kinder wieder das Staunen und entdecken die Vielfalt des Lebens. Kleine und große Abenteuer in der Natur und zu Hause, Spiel, Spaß und viele Ideen für die jeweilige Jahreszeit.	Don Bosco
Rolf Zuckowski Jahreszeiten musikalisch erleben	CD – Viele Kinder werden mit diesen Liedern die Jahreszeiten und die Natur noch bewusster erleben.	Polyglott

2.11 Oberbegriffe – Merkmalbeschreibung

Das vom Optischen her geübte Ordnen, Einordnen und Zuordnen von zusammengehörenden Gegenständen dient als Grundlage für die Entwicklung sprachlicher Oberbegriffe. Zunächst benötigt das Kind immer konkretes, gegenständliches Material. Dabei sollten bestimmte Merkmalgruppen mit einfachen Sammelbezeichnungen belegt werden, z.B. Kleidung, Spielsachen, Tiere, usw.

Wie kann gefördert werden?

Entwicklungsalter: ab 3 1/2 Jahre

- Das Kind soll in spielerischen Oberbegriff-Zuordnungsübungen lernen, dass verschiedene Gegenstände oder Bilder Sammelnamen haben. Bald wird seine Abstraktionsfähigkeit soweit entwickelt und sein Wortschatz so erweitert sein, dass es zu bestimmten Oberbegriffen zugehörige Dinge benennen kann. Der Erwachsene stellt eine Frage, das Kind antwortet: „Was braucht man zum Kochen?" (Darauf achten, dass es ganze Sätze spricht!)
  „Zum Kochen braucht man einen Topf, zum Kochen braucht man einen Rührlöffel. Zum Kochen braucht man Wasser."

Ist einiges zu dieser Frage zusammengetragen, so kann ein nächstes Gebiet erfragt werden:
„Was braucht man, wenn man den Tisch decken will?“ (Tischtuch, Teller, Messer, Gabel, Löffel.)
Oder: „Woraus ist der Rührlöffel hergestellt?“ Antwort: „Der Rührlöffel ist aus Holz.“
Was ist noch alles aus Holz?“ (Wäscheklammern, Essbrettchen, Stuhl, Schrank.)

- Auch andere Dinge können nach der Beschaffenheit des Materials verglichen und Unterschiede herausgefunden werden. Wir suchen gemeinsam in der Wohnung Dinge aus Papier, aus Glas, aus Holz. Rätsel erweitern diesen Bereich und machen viel Spaß.
- In derselben Weise können Kenntnisse aus der Natur vertieft werden:
  „Was lebt im Wasser?“
  „Was lebt in der Luft?“
  „Was finden wir im Wald?“
  „Was finden wir auf der Wiese?“
  Greifen Sie immer konkret die Dinge auf, z.B. beim Spaziergang, beim Einkauf, beim Tanken.
- Weitere Gebiete sind:
  „Was gehört zum Winter?“
  „Was gehört zum Sommer? usw.
  So erwerben die Kinder Einsichten in Zusammenhänge. Sie lernen, sichtbare Dinge zu beschreiben, und vertiefen dabei ihre Kenntnisse über die Merkmale der Gegenstände und ihrer Umgebung.

Material: **Bezeichnung**	**Beschreibung**	**Hersteller**
Nahrungsmittel	Grundnahrungsmittel, Getränke, Früchte, Gemüse und vieles mehr. 96 Fotokarten A5 mit Anleitung.	Speechmark
Tiere Fotobox 4 mit Anleitung	Tiere in ihrem Lebensraum: Säugetiere – Vögel – Fische – Insekten – Spinnen und verschiedene andere Tiergattungen. 105 Karten	Nathan
Haushaltsgegenstände	Möbel – Elektrogeräte – Küchengeräte. 96 Fotokarten	Speechmark
Tiere, die ich kenne	System- Puzzle. Ein Lerntrainer mit einfachen Zuordnungsaufgaben. 144 Aufgaben mit jeweils 12 Wild- und Haustieren. Das Kind erfährt Wissenswertes über Fortbewegung, Nahrungsaufnahme, Lebensraum der Tiere und vieles mehr.	Heinevetter

Material: Bezeichnung	Beschreibung	Hersteller
Vitaminchen	mini-LÜK – Zuordnungsspiel mit 12 Plättchen. Was gehört zur gesunden Ernährung? Spiele, die die Bedeutung von Milchprodukten, Obst und Gemüse in kindgerechtem Angebot verdeutlichen.	Westermann
Tiere füttern	Zuordnungsspiel. Wer frisst was am liebsten? Mag der Hamster Brot? Wer kaut gerne Karotten? Mit diesem Spiel lernen die Kinder, welche Nahrung ihre Lieblingstiere brauchen.	Ravensburger
	Didacta-Puzzle	
– An der Baustelle	38 Teile	Ravensburger
– Bahnfahrt	41 Teile	Ravensburger
– Kleiner Flugplatz	40 Teile	Ravensburger
– Tiere im Wald	10 Teile	Ravensburger

Siehe auch Material „Kategoriezuordnung“, Kap. 1.10 Seite 43

2.12 Gegensatzerfassung

Um zu verstehen, was „Gegensatz“ bedeutet, muss das Kind die gegensätzlichen Begriffe kennen. Verschiedene Eigenschaften sind ihm schon bekannt. Nun werden immer zwei in Gegenüberstellung gebracht, d.h. sie stellen Gegensätze dar.

Wie kann gefördert werden?

Entwicklungsalter: ab 3 3/4 Jahre

- Das Kind spielt mit zwei Bällen, einem kleinen und einem großen. Dabei bietet sich die Gelegenheit, groß und klein zu erklären. Durch Betasten und Drücken kann die Beschaffenheit von Watte und die Bezeichnung „weich“ erfahren werden. Nimmt das Kind nun einen Stein in die Hand, so wird es dazu den Unterschied „hart“ erleben.
- Bei jeder sich bietenden Gelegenheit können andere Begriffe in ihrer Gegensätzlichkeit durch konkrete Erfahrung der Sinne Fühlen, Hören, Sehen, Schmecken verdeutlicht werden.

Beispiele:

Tag	–	Nacht
Licht	–	Schatten
Junge	–	Mädchen
heiß	–	kalt
traurig	–	lustig
klein	–	groß
breit	–	schmal
laut	–	leise
leicht	–	schwer

Material:

Bezeichnung	Beschreibung	Hersteller
Gegensätze (Taschenformat)	Fotokarten. Häufig gebrauchte gegensätzliche Adjektive sind so dargestellt, dass sie auch von kleineren Kindern gut erkannt und benannt werden können.	Speechmark
Adjektive	Die Bilder zeigen alltägliche Eigenschaften, als Gegensatzpaare dargestellt. voll – leer groß – klein hoch – niedrig usw.	Nathan
Schubi-Blöcke	Logische Blöcke. Das Material besteht aus den Grundformen: Quadrat, Kreis, Dreieck, Rechteck. Verschiedene Merkmale können zusammengestellt werden z.B.: dick – dünn groß – klein rund – eckig	Schubi
Gegensätze Puzzle	Was gehört zusammen? Auf gezackten Holzteilen sind Gegensatzpaare dargestellt, die zusammengefügt werden müssen, z.B. Tag und Nacht, heiß und kalt. Insgesamt 6 Karten mit je 2 Teilen.	Mertens
Mini-Bandolino Set 3 Gegensätze	Für Kindergartenkinder ab 3 Jahre. Große Bilder. 10 Aufgabenkarten. Mit griffiger Lösungsschnur.	Arena
Gegensätze	Vorschul-Arbeitsheft. 24 Seiten mit durchgehend farbigen Bildern. Eine Kombination von lustigen Übungen, Rätseln und Ausmalbildern. Ab 5 Jahre.	Ravensburger

2.13 Scherzaufgaben – Rätsel

Zur sprachlichen Förderung Ihres Kindes gehören nun aber nicht nur ernsthafte und inhaltsreiche Gespräche. Wie viel Sinn für Humor und Spaß zeigen doch die meisten Kinder, wenn man ihnen Scherzspiele anbietet.

Wie kann gefördert werden?

Entwicklungsalter: ab 4 Jahre

- Auf Autoreisen oder in der Bahn, im Wartezimmer beim Arzt oder wo es sich gerade ergibt, können Spiele gemacht werden, in denen z.B. Worte mit gleichen Anfangsbuchstaben gesucht werden:
  Apfel – Apfelsine – Anneliese – Arbeit
  Brot – Baum – Banane
  Mama – Mond – Mund
- Machen Sie Rätsel nicht zu schwierig. Kleine Kinder wollen schnell erraten und ihren Spaß dabei haben.
  Rätsel: Ich esse Gras, ich mache Muh. Wer bin ich?
  Oder: Was ist klein, voller Fell und sagt Miau?
  Was ist klebrig, gelb, feucht, brennt auf der Zunge und wird mit Würstchen gegessen?
- Ratespiele mit Mimik und Gebärde:
  Ohne Worte und Gegenstände stellen Sie das Essen einer Weintraube dar. Einzelne Beeren abzupfen und nacheinander in den Mund stecken. Die Traube dabei in der hohlen Hand halten. Einzelne Kerne bleiben zwischen den Zähnen hängen und müssen herausgeholt werden. Sicher werden Sie Ihre Traube gar nicht fertig „essen“ können, da schon längst geraten wurde, was Sie essen.
  Weitere Beispiele zum pantomimischen Raten:
  Apfel essen, Sprudel trinken, Eis lecken, Auto fahren. Sie können eine Szene vorspielen „oder als Geschichte erzählen“, in der bewusst etwas vergessen oder in falscher Weise vorgeführt wurde.
  Themen können sein:
  Zähneputzen – ohne Zahnpasta
  Anziehen – Strümpfe vergessen
  Eisenbahn fahren – ohne Fahrkarte
  Suppe kochen – ohne Wasser
  Suppe mit Messer und Gabel essen.

Material: Bezeichnung	Beschreibung	Hersteller
Rätselkiste	Das Spiel fördert Kinder beim Erraten von Begriffen. Die Rätselkarten sind nach 5 Sachgebieten geordnet: Mensch, Pflanze, Tier, Natur und Gegenstände.	Wehrfritz
Ratz – Fatz	Ein Spiel mit vielen Ideen, Anregungen, Rätseln und Geschichten um die beiliegenden Holzfiguren. Eine Geschichte wird vorgelesen und die Kinder passen auf, ob die in der Geschichte genannten Teile auf dem Tisch liegen.	Haba
Um die Ecke gedacht	Der Spielleiter beschreibt einen Begriff mit zwei Bedeutungen, z.B. Birne als Obst und als Glühlampe. Die Kinder müssen dann das Wort raten, ähnlich wie bei dem Spiel ‚Teekesselchen'. 24 Motivkarten zeigen dann den gesuchten Begriff.	Haba
Renate Triltsch ABC – Rätsel für den Schulanfang	A-Wörter, B-Wörter usw. Anhand der Bilder ist es ganz leicht, die fehlenden Buchstaben zu ergänzen und dabei spielend das Alphabet kennen zu lernen.	Ravensburger
Yvette Barbetti Kleine Gartenrätsel	Ein Naturheft für Vorschulkinder zum Suchen, Beobachten, Malen, Rätseln und Vergleichen.	Ravensburger
Renate Triltsch Spiel und Spaß zum Schulanfang	Bunte Rätsel, Zahlenbilder, Dinge zum Ausmalen und Vergleichen. Ein schönes Geschenk für die Schultüte.	Ravensburger
Kinder Quiz	Pocket LÜK gibt es im Taschenformat. Durch Frage- und Antwortschalthebel erhält dieses Spiel Quizcharakter. Es lädt Kinder zum Lösen vielfältiger Bilder-, Farb- und Formenrätsel ein. Ein Lernspiel für unterwegs und zu Hause.	Westermann
Lustige Bilder	Vergnügliche und lustige Bilder zum Erzählen und Lachen. Inhalt: 36 Fotokarten, Größe 115 x 75 mm.	Speechmark
Angela Weinhold / Renate Becker / Ute Krause Mein dickes Rätselbuch für den Kindergarten.	128 kunterbunte Seiten für kleine Rätselprofis.	Loewe

2.14 Formenbegriffe

Bevor die Formbezeichnung eingeführt wird, sollten die Begriffe *rund* und *eckig* bekannt sein. Dieses kann mit Bauklötzen, Dosen oder Schachteln eingeübt werden. Im Zusammenhang mit der optischen Formenzuordnung wurden nebenbei schon Begriffe wie Kreis, Dreieck oder Viereck genannt, ohne dass der Benennung wesentliche Beachtung geschenkt wurde. Nach diesen vorbereitenden Spielen bekommen die Klötze nun Namen, die ihre geometrische Form bezeichnen (Abb. 18).

Wie kann gefördert werden?

Entwicklungsalter: ab 4 1/2 Jahre

- Als Spielmaterial eignen sich gut die „Logischen Blöcke". Legen Sie je zwei farbgleiche und größengleiche Formen „Quadrat, Dreieck, Kreis" auf den Tisch. Breiten Sie diese gut aus. Greifen Sie einen roten Kreis heraus und sagen Sie zu Ihrem Kind. „Kannst du genau so etwas Rundes finden wie dieses hier? Das sind Kreise. Lege die zwei Kreise zusammen."

  Nehmen Sie ein Viereck „Quadrat" heraus. „Kannst du mir einen anderen Klotz zeigen, der dieselbe Form hat wie dieser?" Während Sie das Wort Form gebrauchen, fahren Sie an der Seite des Quadrates mit Ihren Fingern entlang. Die zwei Klötze, die übrig sind, sind Dreiecke. Sie passen zusammen, weil sie dieselbe Form haben. Ziehen Sie dabei wieder die Umrisse des Klotzes nach.

Abb. 18

Abb. 19

- Formen beschreiben! Alle Formen werden durcheinander gemischt. Der Erwachsene beschreibt eine Form, und das Kind sucht diese heraus (Abb. 19).
  Z.B.: „Gib mir das große Dreieck.“ oder: „Suche ein kleines Quadrat heraus.“ Dieses Spiel kann im Wechsel gespielt werden. Einmal nimmt der Erwachsene und einmal das Kind die betreffende Form.

- Sind die Formen der Spiele und des Spielmaterials bekannt, so soll man auf Formen in der Umgebung des Kindes aufmerksam machen.
  Beispiele für Kreise: Ball, Teller, Deckel, Rad.
  Beispiele für Quadrate: Tisch, Stuhl, Kachel, Bauklotz, Würfel.
  Beispiele für Dreiecke: Straßenschild, Giebel.
  Beispiele für Rechtecke: Handtuch, Tür, Tisch, Fenster, Bücher.

Material: **Bezeichnung**	**Beschreibung**	**Hersteller**
Schubi-Blöcke / Logische Blöcke	Das Material besteht aus 48 Formen. Jede Form ist in der speziellen Merkmalkombination nur ein einziges Mal vorhanden. Neben der Kombinationsfähigkeit fördert das Material das logische Denken und die Begriffsbildung: dick – dünn groß – klein rot – blau – gelb und – quadratisch – rechteckig – dreieckig. Aus gebeiztem Holz. Größe des Quadrates: 5,5 cm	Schubi

Material: Bezeichnung	Beschreibung	Hersteller
mini LÜK-Set Farb- und Formen Quiz	Inhalt: mini LÜK Lösungsgerät mit Klarsichtspielteil, Übungshefte 1 und 2. Vertiefung der Formenerkennung als Voraussetzung für das Erlernen des Lesens, Schreibens und Rechnens.	Westermann
Mosaik-Legespiel	Mit handlich geometrischen Formen können Kinder wunderschöne Ornamente, Muster und Figuren legen. 44 Teile in 4 verschiedenen Formen und 5 verschiedenen Farben.	Widmaier
Kinderquiz Pocket LÜK	Taschenformat. Durch Frage- und Antwortschalthebel erhält dieses Spiel Quizcharakter. Es lädt Kinder zum Lösen vielfältiger Bilder-, Farb- und Formenrätsel ein. Ein Lernspiel für unterwegs und zu Hause.	Westermann
Farben und Formen	Vorschulangebot. Ab 5 Jahre geeignet. 24 Seiten mit farbigen Illustrationen. Eine Kombination von Übungen, Rätseln und Ausmalbildern.	Ravensburger
	Siehe auch Material „Formenzuordnung" Kap. 1.6 Seite 30	

2.15 Akustische und sprachliche Schulreife

Die sprachliche Auseinandersetzung mit der Umwelt trägt wesentlich zur Intelligenz- und Persönlichkeitsförderung bei. Eine gezielte Erziehung im Vorschulalter beinhaltet auch die Hinführung zu einer akustisch-sprachlichen Schulreife. Dazu gehören ein gewisser sprachlicher Ausdruck und Wortschatz, akustische Merkfähigkeit und Gliederung, sprachliches Denken und Verstehen.

Wie kann gefördert werden?

Entwicklungsalter: ab 5 $^{1}/_{2}$ Jahre

- Anhören, verstehen und nacherzählen von Erlebnissen oder Geschichten können, wo immer es sich ergibt, in den Tagesablauf eingebaut werden. Das Kind in diesem Alter ist noch ungeübt im Wiedergeben von Einzelheiten aus Geschichten. Indem es ein Erlebnis oder eine Erzählung berichtet, kann auf die Erinnerung des folgerichtigen Ablaufs geachtet werden.
- Akustische Gliederungsübungen als Vorbereitung auf das Lesen lernen sind von erheblicher Bedeutung und können durch rhythmisches Klat-

schen von Worten aufgegriffen werden.
Beispiele:
Ham – pel – mann
Son – nen – blu – me
Blu – men – topf
Schmet – ter – ling

- Ferner können Wortunterscheidungsübungen durchgeführt werden.
Welche Wörter klingen am Anfang gleich, z.B.:
Apfel – Apfelsine – Ampel
Banane – Brot – Baum
usw.

- Welche Wörter reimen sich, z.B.:

Haus – Maus	Hase – Vase	Kanne – Wanne
Bein – klein	Flügel – Bügel	Schlüssel – Rüssel
Buch – Tuch	Rose – Hose	Beil – Pfeil
Zopf – Topf		

Material: **Bezeichnung**	**Beschreibung**	**Hersteller**
Geräusche aus dem Alltag	Eine Kassette mit ca. 100 Geräuschen aus dem Alltag und verschiedenes Zuordnungsmaterial (Lottospiel, Puzzle) helfen zu einer differenzierten Wahrnehmung von Lauten und Wörtern.	Wehrfritz
Begabung, Sprache, Emanzipation Arbeitsmappen 1 + 2	Mit 60 farbigen Bildtafeln. Umfassende Förderung der sprachlichen Fähigkeiten.	Finken
Ursula Lauster Vorschul-Buchstabenspiele	Buchstaben erkennen, benennen und zuordnen. Eine allgemeine Vorbereitung auf Lesen und Schreiben.	Lentz
mini LÜK Übungen für Vorschulkinder. Arbeitshefte 3 und 4	Spielreihen zur Vorbereitung auf den Schulbeginn. Dazu erforderlich ist noch das mini LÜK Lösungsgerät.	Westermann
Logico Rondo Übungsgerät und Arbeitshefte: – Schauen und Sprechen – Bilder, Laute, Wörter	Ein Lernsystem mit Selbstkontrolle. Der Übungsrahmen hat 6 Knöpfe. In den Rahmen werden Übungskarten eingeschoben. Die Rückseiten der Karten bieten die Möglichkeit der Selbstkontrolle und geben zusätzlich Hilfe. Ein sehr motivierendes Lernspiel.	Finken

Material: Bezeichnung	Beschreibung	Hersteller
Bildergeschichten – Fotodidac	Die Serie „Bildergeschichten und Wortschatz“ enthält jede Menge Fotos zu unterschiedlichen Themen. Sie ist gut geeignet für Erzählgeschichten, Gesprächsrunden und regt freies Sprechen an.	Schubi
Bildfolgen	Einfache Handlungsabläufe aus dem täglichen Leben wie z.B. eine Banane essen, Telefonieren, Zähneputzen, werden jeweils in 3 Schritten gezeigt. Insgesamt 16 Bildfolgen zu je 3 Karten.	Speechmark
Silke Simmendingen / Stefan Lohr Wortschatzspiele	100 Wörter aus dem täglichen Umfeld lernen Vorschulkinder kennen und anzuwenden. So wird der Wortschatz der Kinder geübt und erweitert.	Ravensburger
Almuth Bartl / Jan Birck Mein buntes Vorschulheft	Auf spielerische Weise lernen Kinder Buchstaben, Zahlen, Farben und Formen kennen. Eine gute Vorbereitung auf die Schule.	Ravensburger
Reihenfolgen (Taschenformat)	Handlungsabläufe in 3 Schritten aufgeteilt. Insgesamt 16 Bildfolgen zu 3 Karten.	Speechmark

3. Förderung in der Handmotorik

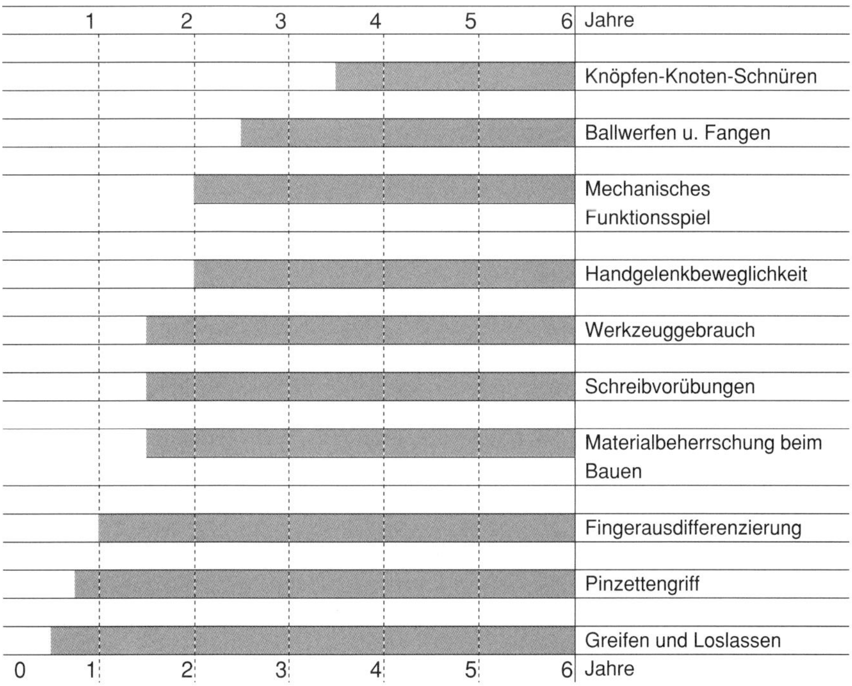

3.1 Greifen und Loslassen

Das Neugeborene hält seine Händchen noch zu Fäusten geschlossen. Diese Fausthaltung wird durch den so genannten Greifreflex bewirkt. Er verliert sich im Laufe der ersten drei Monate. Dann erst werden die Händchen geöffnet. Die Entwicklung des eigentlichen Greifens ist nun möglich. Das Baby ergreift ein Spielzeug zunächst nur dann, wenn seine Hand zufällig damit in Berührung kommt. Der Gegenstand wird dann mit der ganzen Hand umklammert und festgehalten, (Abb. 20). Je aufmerksamer das Baby seine Umgebung beobachtet, umso deutlicher nimmt es einzelne Dinge wahr. Dann beginnt es, die Ärmchen schon in eine bestimmte Richtung auszustrecken. Das Spielzeug wird ergriffen und sofort zum Mund geführt. Hierbei vollführt das Baby schon eine Art Zielübung.

Ebenso wie das Ergreifen und Festhalten muss das bewusste Loslassen erst tausendfach geübt werden. Diese Versuche münden oft in ein unermüdliches Spiel ein. Das Baby ergreift Gegenstände und wirft sie aus dem Bettchen. Es entdeckt, dass es die Dinge „beherrschen“ kann. Es übt im Spiel, den Griff absichtlich loszulassen. Der schnelle Wechsel von Muskelanspannung und -entspannung bildet die Voraussetzung zum Hantieren und Bauen, wie überhaupt zu jeder Tätigkeit mit der Hand (Abb. 21).

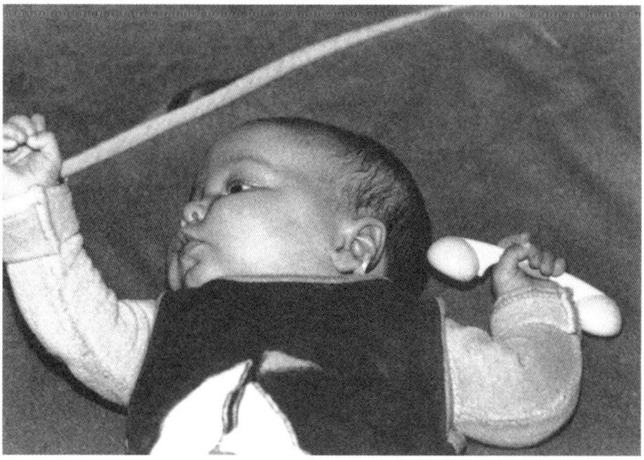

Abb. 20

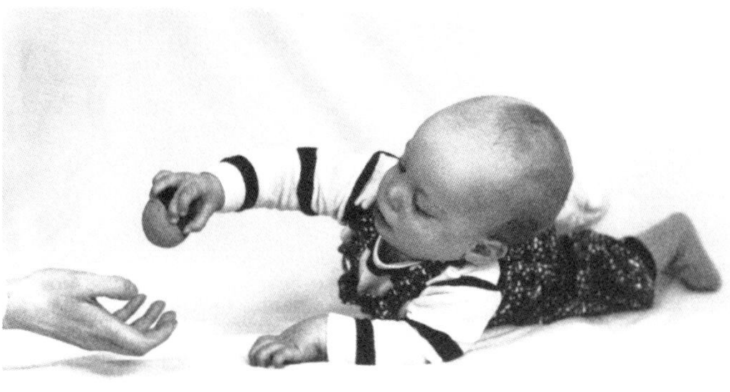

Abb. 21

Am Ende des ersten Lebensjahres merkt das Baby, dass es ein Spielzeug auch heranholen kann, indem es an einer daran befestigten Schnur zieht. So braucht es nicht mehr nach dem Gegenstand selbst zu greifen, wenn dieser sich außerhalb seiner Reichweite befindet. Dieses ist der Anfang des Verwendens eines „Werkzeuges“ (Schnur). Damit bringt sich das Kind in den Besitz von Dingen, die es gerne haben möchte (siehe Kapitel 3.6 „Werkzeuggebrauch“ S. 111).

Für das Baby heißt „Begreifen“ wirklich greifen, anfassen, betasten. Auf diese Weise begreift es nicht nur seine Umwelt, seine Eltern, sondern auch sich selbst und seinen eigenen Körper. Das Kind sammelt Erfahrungen der Umwelt, indem es die Eigenschaften verschiedener Gegenstände kennen lernt.

Wie kann gefördert werden?

Entwicklungsalter: ab 6 Monate

- Bieten Sie Ihrem Kind eine Rassel oder einen Beißring zum Greifen an, indem Sie diesen in sein Blickfeld halten und seinen noch unsicheren und zögernden Greifbewegungen entgegenkommen. Auch die Kinderwagenkette oder ein Wagenmobile bieten Anregungen zum Greifen.
- Mit neun Monaten kann der Versuch gemacht werden, in jede Hand ein kleines Spielzeug zu geben. Am Anfang wird es sein erstes Spielzeug dabei aus der Hand legen; dann aber wird es mit beiden Händen zugreifen und die Gegenstände aneinander schlagen. Bald wird es auch sein Spielzeug von einer Hand in die andere geben. Ist das Baby im Greifen geübt, fördern alle möglichen Quietschtiere das feste Zudrücken. Es macht große Freude, wenn dabei ein Ton erzeugt wird. Jedes Quietschen regt zum erneuten Zugreifen und Loslassen an.

Material: **Bezeichnung**	**Beschreibung**	**Hersteller**
	Greiflinge	
Klingelrassel	Ein Spielzeug zum Greifen, Rasseln und Rollen mit Metallglöckchen.	Brio
Greiflinge aus lackiertem Holz – Rasselring – Kugelring – Fisch – Schellenrassel – Schnatterrassel	In dem Zusammenspiel von Händen, Mund und Augen sind die gedämpften Reize dieser *Kükelhaus*-Greiflinge beliebt.	Meistergilde
Tonella	Ein Greifling mit integriertem Glöckchen.	Selecta
Anello	Greifling und Beißring.	Selecta
Girali	Mit seinen bunten Holzringen ein beliebter Greifling.	Selecta
Ramba Zamba	Mit klipp-klappernden Holzscheiben.	Haba

Salto	Beißring mit einem Querstab, an dem 5 verschieden farbige und lange Holzstäbe befestigt sind. Die gebeizten Stäbe lassen sich einzeln drehen.	Haba

Weiteres Material siehe Kap 1.1 „Sehen“, Seite 15
Dort finden Sie auch Angebote für „Kinderwagenketten“ und „Wagenmobiles“.

3.2 Pinzettengriff

Zur Entwicklung des Greifens gehört nicht nur das Öffnen- und Schließenkönnen der Hände, sondern auch die Art und Weise, wie die Hand einen Gegenstand nimmt und festhält. Zunächst greift das Baby einen Gegenstand noch mit der ganzen Hand. Um aber kleinere Dinge in den Griff zu bekommen, muss das Kind die Fingerspitzen von Daumen und Zeigefinger ähnlich einer Pinzette gebrauchen lernen. Die Fähigkeit, den Daumen der übrigen Hand gegenüberzustellen, entwickelt sich bis zum 12. Monat. Sie bildet die Voraussetzung z.B. für das spätere Umblättern von Bilderbuchseiten.

Wie kann gefördert werden:

Entwicklungsalter: ab 9 Monate

- Rosinen oder andere kleine Gegenstände mit Daumen und Zeigefinger greifen lassen (Abb. 22).
- Auf einer Schnur oder einer Kordel aufgezogene Holzperlen zum Spielen geben und diese von einem zum anderen Ende entlang schieben lassen.
- Kleine, trockene Brotkrumen zwischen den Fingern zerreiben.

Abb. 22

- Spiele anbieten, die die Betätigung des Daumens und Zeigefingers erfordern, z.B. Holzsteckspiele oder Einsetzspiele mit einem Stöpsel (Abb. 23).

Abb. 23

Material: Bezeichnung	**Beschreibung**	**Hersteller**
Greifpuzzle Sonnenland	Die einzelnen Teile haben Griffknöpfe zum Herausnehmen. Ein buntes Landschaftspuzzle mit Haus, Wolke, Sonne, Baum, Drachen usw. Auch einzelne Teile des Spiels können zu einem Bild zusammengestellt werden.	Haba
Spielpuzzle		
– Bauernhof	10 Teile	
– Fahrzeuge	9 Teile	
	Alle Spielteile mit Greifknöpfen.	Simplex
	Entwicklungsalter: ab 3 Jahre	
Holzsteckspiel	Holzbrett mit 81 Vertiefungen für bunte Holzstecker in der Größe 22 x 22 cm. Die Kleinen stecken noch wahllos die Stecker ein. Ältere Kinder können nach Vorlage Muster und einfache Bilder gestalten.	Haba
Quips	4 Legetafeln mit ausgestanzten Spielfeldern, in die bunte polierte Holzspielsteine eingesetzt werden. Ein Würfelspiel um Farbe und Menge.	Ravensburger

Material: Bezeichnung	Beschreibung	Hersteller
Kugelbahn mit Glockenspiel	Auf schräg liegende Bahnen werden Glaskugeln gelegt. Die Kugel rollt nach unten und zum Schluss über eine Klangtreppe.	Beck
Kugelbahn mit Glocke	Die Kugeln rollen über die schräg laufenden Bahnen und berühren vor dem Auslaufen ein Glöckchen.	Holz-Hoerz
Autorennbahn und Renn-Auto	„Kugelbahn" mit Autos statt Kugeln.	Beck
Fädelraupe	Das Kopfelement einer Raupe ist mit einer dicken Baumwollkordel versehen. Der Farbwürfel bestimmt, welche Scheibe aufgesteckt wird.	Selecta
Muggelsteine	Halbkreisförmige Plastikspielsteine in vielen Farben zum Legen von Mustern oder für Sortierspiele. Größe: 10, 15, 20 mm.	Dusyma
Steckspiele	Bunte Plastikstecker und Steckbrett.	verschiedene Hersteller
Perlen zum Auffädeln	Größe der Perlen je nach Können des Kindes.	verschiedene Hersteller
Wäscheklammern	Plastik	verschiedene Hersteller
Aximo – Aximo-Halter	Vielseitig verwendbares Mosaikmaterial. Auf einen Ständer (Kamm) werden zwischen die Rillen kleine Röllchen aus Plastik zu Mustern oder Farbreihen gesteckt. Den Aximo-Halter gibt es in klein oder groß.	Dusyma
Aximo – Mosaikröllchen	Mosaikröllchen in verschiedenen Farben für den kleinen oder großen Ständer.	Dusyma
Aximo – Vorlagekarten	Beidseitig bedruckte Kunststoffkarten mit Motiven zum Stecken für Aximo klein oder Aximo groß.	Dusyma

3.3 Fingerausdifferenzierung

Die Entwicklung der Hand- und Fingergeschicklichkeit vollzieht sich im gleichen Schritt mit der Entwicklung der Intelligenz. Der Gebrauch einzelner Finger verlangt die Führung und Aufmerksamkeit des Verstandes. Um das Instrument Hand für spezielle Tätigkeiten richtig einsetzen zu können, muss eine ausreichende Fingerbeweglichkeit für isolierte Teilbewegungen, vor allem im Gebrauch des Zeigefingers, gegeben sein.

Wie kann gefördert werden?

Entwicklungsalter: ab 11 Monate

- Einzelne Finger durch Kinderverse oder Reime besonders herausheben. Dabei den benannten Finger anfassen, reiben und bewegen. Eine Fingerpuppe oder Papierhütchen auf einzelne Finger setzen und ein kleines Fingertheater aufführen. (Abb. 24)

Abb. 24

Abb. 25

- Einzelne Finger durch ein kleines Loch stecken oder mit dem Zeigefinger auf genannte Gegenstände tippen. (Abb. 25)
- Mit einzelnen Fingern auf einem Tamburin oder einer Trommel kratzen, Spinnenlaufen aller Finger über den Tisch oder Laufbewegungen zweier Finger, z.B. Zeigefinger und Mittelfinger oder Ring- und kleiner Finger.
- Bieten Sie dem Kind weiche Knete an. Es können Fingerabdrücke

in die Knetmasse gedrückt, Kugeln oder Schlangen daraus geformt werden. Ältere Kinder modellieren aus Knete einfache Tierformen, kleine Gefäße oder menschliche Figuren.

- Einzelne Finger beugen und strecken oder nach Vormachen zeigen.
  Fingerspiele:
  Daumen bück dich,
  Zeigefinger streck dich,
  Mittelfinger dreh dich,
  Ringfinger heb dich,
  Kleiner duck dich.
  Die einzelnen Finger führen die vorgetragenen Bewegungen aus.
  Oder:
  Es sitzen zwei Tauben auf einem Dach,
  die eine fliegt weg, die andere fliegt weg,
  die eine kommt wieder, die andere kommt wieder,
  da sitzen sie alle beide wieder.
  Die beiden Zeigefinger werden erhoben und gekrümmt.

Material: Bezeichnung	**Beschreibung**	**Hersteller**
Focus Pocus	Ein gelber Fotoapparat aus Plastik: Auf den Auslöser drücken und schon zeigt sich der lustige Clown.	Brio
Baby-Handy	Mit beweglicher Antenne, piependen Tasten, unzerbrechlichem Spiegel, Ein/Aus-Tasten sowie einem lustigen Drehgesicht als „Gesprächspartner".	Brio
Mein erstes Auto	Ein fröhlich gelber Kamerad. Wenn das Auto rollt, bewegen sich die Augen. Die Hupe wird durch einen Fingerdruck auf den Knopf betätigt.	Brio
Freddie Clowns Eisenbahnset	Eine kleine Lok mit einem Anhänger. Wird die Lok geschoben, bewegt sich der Ball im Anhänger. Mit dem Druck des Fingers können an der Lok Licht und ein Ton erzeugt werden.	Brio
Kalimba, mini	Afrikanisches Geschichtenerzähler-Instrument. Ideal für kleinere Kinder als Begleitung beim Geschichtenerzählen. Mit dem Zeigefinger wird das Instrument zum Klingen gebracht.	Wehrfritz
Registrierkasse	Mit dem Zeigefinger werden Preise eingetippt.	Selecta

Material: Bezeichnung	Beschreibung	Hersteller
Registrierkasse	Die bunten Taler werden eingesteckt und durch einen Druck mit dem Finger auf die gleichfarbige Taste zum erneuten Spiel nach außen befördert. Wird die Kurbel gedreht, erklingt eine Glocke und die Schublade öffnet sich. Eine bei Kindern sehr beliebte Kasse.	Fisher-Price
Kinderknete	In verschiedenen Packungsgrößen erhältlich. Das Material ist weich und leicht, so dass es sogar schwimmt. In verschiedenen Farben mit Lebensmittelfarbstoffen.	Eberhard Faber
Multiton-Telefon	Zum Tippen der Zahlen, mit Klingel und Telefonhörer. Gut geeignet auch zur Sprachmotivation.	Beck
Stoff-Fingerpuppen	Bekannte „Kasperle-Figuren" als Fingerpuppen, z.B. Kasper, Gretl, Polizist, Clown, Zauberer usw.	Meistergilde

3.4 Materialbeherrschumg beim Bauen

Das freie Bauen und Gestalten nach eigener Vorstellung ist für Kinder von großer Bedeutung. Bauen fördert die Phantasie, Kreativität und Handgeschicklichkeit des Kindes. Es erfährt dabei spielend die physikalischen Gesetzlichkeiten der Statik. Wenn ein Bauwerk immer wieder umfällt, merkt das Kind allmählich, wie es die Klötzchen ergreifen und drauf setzen muss.

Erstes Bauen geschieht mit wenigen Klötzen. Diese werden zunächst nebeneinander gestellt. Später wird ein Turm gebaut (Abb. 26). Selbst wenn er umfällt, wird er mit Ausdauer immer wieder neu erstellt. Ein großer Fortschritt ist erreicht, wenn das Prinzip des Überbrückens „zwei kleine Klötzchen und ein langer Klotz darüber" entdeckt wird. Das Überbrücken wird ab 4 Jahren vielfältig angewandt und verfeinert (Abb. 27).

Abb. 26

Im Vorschulalter erwacht das Interesse am Bauen nach vorgefertigten Bausätzen und bestimmten Vorlagen. Diese Konstruktionsbaukästen schulen die Fähigkeit, Bauteile sachgerecht zu wählen, Teile eines Stückes miteinander zu verbinden, zu verschrauben, zusammenzustecken und mehrere Schritte vorauszuplanen. Dabei lernt das Kind, seine Finger für differenzierte Handbetätigungen zu gebrauchen und mechanische Zusammenhänge zu begreifen.

Abb. 27

Wie kann gefördert werden:

Entwicklungsalter: ab 1 1/2 Jahre

- Wichtig ist, dem Kind richtiges, d.h. dem jeweiligen Alter angemessenes Baumaterial anzubieten. Ein Kleinkind bis 3 Jahre sollte einfache Formen bekommen. Als Material kann Naturholz „am besten Buchenholz" gewählt werden. Die Bauklötze sollen glatt sein, absolut splitterfrei und in Form und Größe zueinander passen.

  Kleine Bausteine, bei denen die Kanten der Würfel eine Länge unter drei cm haben, sind für diese Altersstufe ungeeignet. Viel richtiger sind Bauklötze, deren Würfel etwa vier cm lange Kanten haben. Die Bauklötze müssen fest und sicher stehen können. Sie dürfen nicht zu leicht sein.

  Das Wesentliche beim Bauen ist die Möglichkeit zur Gestaltung vielerlei Formen. Dabei spielen die Farben eine untergeordnete Rolle.

  Die Aufgabe der Eltern erschöpft sich aber nicht nur in der Auswahl des geeigneten Baumaterials. Sie können auch wesentlich dazu beitragen, die kindliche Gestaltungskraft zu fördern und zu pflegen. Nehmen Sie sich Zeit für Ihr Kind, wenn es etwas bauen will. Es braucht Lob für sein Bauwerk, es braucht den liebevollen Blick, Wärme und Fröhlichkeit, die es zu immer neuem Schaffen anregen. Dabei kann die Mutter nebenbei selbst einer Tätigkeit nachgehen.

- Die Konstruktionsbaukästen können ab 4 bis 5 Jahre eingesetzt werden. Das Kind wird die Lernangebote allerdings nur aufgreifen können, wenn es zunächst mit den Eltern zusammen erste mechanische Konstruktionen ausprobiert und ihm einzelne Lernschritte erklärt werden.

Material: Bezeichnung	**Beschreibung**	**Hersteller**
	Baualter ab 1 1/2 Jahre	
Holzbausteine	Packungen mit 50 oder 100 farbigen Teilen. Klassische Bauklötze aus Buchenholz. Grundmaß: 4 cm	Brio
Holzbausteine	50 Teile aus Buchenholz, natur Grundmaß: 4 cm	Brio
Erstes Bauen	Geometrische Grundformen, farbig gebeizt. Grundmaß: 5 cm, 15 Teile	Sina
Bunter Sortiereimer	Jede Menge Lego-Steine in verschiedenen Farben und Formen zum Sortieren und Stapeln.	Lego
Bunte Bausteine in Stofftasche	54 Bausteine aus Erlenholz in verschiedenen Formen. Die Bausteine sind mit ungiftigen Farben und Ölen behandelt.	Beck
Großer Bauspaß	Viele bunte Elemente für das Kleinkind.	Lego
Steine Box	Mit zahlreichen Formen und Farben bauen sich Kleinkinder ihre eigene Welt auf.	Lego
Bausack Naturbausteine	21 Teile. Grundmaß 4 cm	Haba
Matador Jumbo 1	Diese Bausteine wurden speziell für Kinder ab 1 Jahr entwickelt. Sie lassen sich leicht zusammenfügen und wieder trennen. Die Bauklötze sind aus unbehandeltem Buchenholz. Inhalt: 12 Stück in verschiedenen Formen.	Matador
Matador Jumbo 2	Inhalt: 24 Stück	Matador
	Bauen ab 3 Jahre	
Bunte Bausteine	Verschiedene Angebote: Packungen mit 24, 34 und 84 Teilen. Grundmaß 3 cm.	Haba
Holzbausteine	Buche natur, geschliffen, verschiedene Formen. Diverse Zusammenstellungen in Netz, Beutel oder Kästen. Alle Steine sind einzeln erhältlich.	Haus am Berg

Material: Bezeichnung	Beschreibung	Hersteller
Nic-Junior	Holzbaukasten natur und farbig. Viele verschiedene Elemente, z.B. Quader, Zylinder, Steckelemente, Räder, Bäume. Grundkasten klein: 47 Teile Grundkasten groß: 96 Teile	Nic
Klein Amsterdam	166 Teile. Verschiedene kleine und größere Formen, Belebungsmaterial (Dächer, Bäume, Autos) zum Gestalten einer kleinen Spielstadt.	Haba
Fischertechnik Junior Starter Jumbo Pack	Das angebotene Material reicht aus, um 4 Lastwagen gleichzeitig nach Anleitung zu bauen. Unzählige Modelle können nach Fantasie gebaut werden.	Fischer
Matador Baukästen	Holzbaukästen. Die Holzbausteine mit den Maßen 4 x 4 cm sind an die Handgröße der Kleinkinder angepasst. Bildlich gestaltete Bauanleitungen ermöglichen den Kindern das selbständige Bauen.	
Ki-1	65 Teile, inkl. Hammer und Zange	
Ki-2	100 Teile	
Ki-3	160 Teile	Matador

3.5 Schreibvorübungen

Untersuchungen über hinführende und vorbereitende Entwicklungsschritte zum Schreiben lernen haben ergeben, dass sich diese einzelnen Funktionsvollzüge dem jeweiligen Lebensalter sehr gut zuordnen lassen. Am Anfang des 2. Lebensjahres kritzelt und hantiert das Kind noch wild mit dem Stift. Aber auch das zweieinhalbjährige Kind bewegt beim Zeichnen den ganzen Arm oder sogar den Körper. Später führen nur der Unterarm, dann die Hand und schließlich nur noch die Finger die Malbewegungen aus. Vom eckigen Kritzeln kommt das Kind zum runden Malen, und mit drei Jahren werden erste geschlossene Formen gemalt. Mit vier Jahren gelingen schon Zickzack-Linien und einzelne Striche. Bald malt das Kind sein erstes so genanntes „Kopffüßlermännchen“. Mit fünf Jahren ist gegenständliches Malen „Sonne-Auto-Haus“ möglich und erste Schreib- und Schwingbewegungen bahnen sich an. Mit Beginn der Schule sind Nerven und Muskeln der Finger, der Hand, des Handgelenkes und des Armes so weit entwickelt, dass die erforderliche Koordination aller zum Schreibvorgang notwendigen Funktionen vorhanden ist.

Wie kann gefördert werden?

Entwicklungsalter: ab 18 Monate

- Eine wichtige Voraussetzung für das Schreiben ist, dass das Kind Freude am Malen hat. Am günstigsten ist es, Papier, Stifte oder Malfarben jederzeit griffbereit für das Kind liegen zu haben. So kann es, wann immer es das Bedürfnis hat, kritzeln und malen.

  Kinder malen gerne großflächig. Dafür sind Tapetenrollen oder eine große Wandtafel eine Möglichkeit. Zunächst sollte das Kind einfach aus eigenem Impuls malen, ganz ohne Hinweise oder Korrekturen. Meistens fangen die Kinder von selbst an, irgendwelche Formen zu malen. Angeregt durch das, was sie momentan beschäftigt, bekommen diese Formen Namen, d.h. sie sollten etwas Bestimmtes darstellen, auch wenn vorerst noch wenig Ähnlichkeit vorhanden ist.

- Von Anfang an ist es wichtig, auf den richtigen Gebrauch der Mal- und Farbstifte zu achten. Für die kleine Hand sind die dicken handlichen Wachsstifte geeignet.
  Der Umgang mit Wasserfarbe erfordert Sorgfalt und Umsicht. Anfänger ab 4 Jahren brauchen dicke Pinsel, Farben in möglichst großen Näpfen und Anleitung. 6 Farben im Kasten sind für das Vorschulkind ausreichend.
  Verhindern Sie, dass die Farben in den Mund genommen werden. Das gilt für alle Altersstufen und für alle Farben, auch solche aus Lebensmittelersatzstoffen. Farben sind kein Nahrungsmittel.

- Die Handbewegungen gelingen dem Kind mit der Zeit immer besser. So kommt es vom Malen und Zeichnen über großräumige Schwingübungen zu ersten Schreibvorübungen.

Abb. 28

- Im Alter von 5 oder 6 Jahren drängt das Kind förmlich zum „Schreiben“. Hat es bislang mehr großflächig gemalt, soll es nun zu immer kleinerer und differenzierterer Strichführung kommen. Eine gute Anfangsübung stellen die schon erwähnten Schwingübungen dar (Ab. 28). Sie dienen der Lockerung der Arm- und Handgelenkbewegungen.

Abb. 29

- Da das Übertragen von vorgegebenen Formen, Mustern und Buchstaben noch Schwierigkeiten bereitet, verkrampft sich das Kind oft sehr. Man kann diese Verspannung dadurch lockern, in dem das Kind Bewegungen, die auf dem Papier ausgeführt werden sollen, zuvor ganz groß in der Luft „malen“ darf. Danach werden diese kreisförmigen Schwingübungen auf eine große Wandtafel oder ein großes Stück Papier, das auf dem Tisch befestigt ist, übertragen(Abb. 29). Vom großflächigen Malen geht man langsam zu Übungsblättern im Format DIN A 4 über. Der Zeilenabstand sollte zu Beginn 5 – 6 cm betragen.
- Bei all diesen Schreibvorübungen kommt es nicht auf „schönes Malen“ an. Viel wichtiger ist, dass durch Lob die Freude am Schreiben geweckt wird. Nur durch Übung wird erreicht, was als Ziel gesetzt ist: Das Schreiben von Buchstaben und Wörtern.

Beispiele für Schwingübungen:

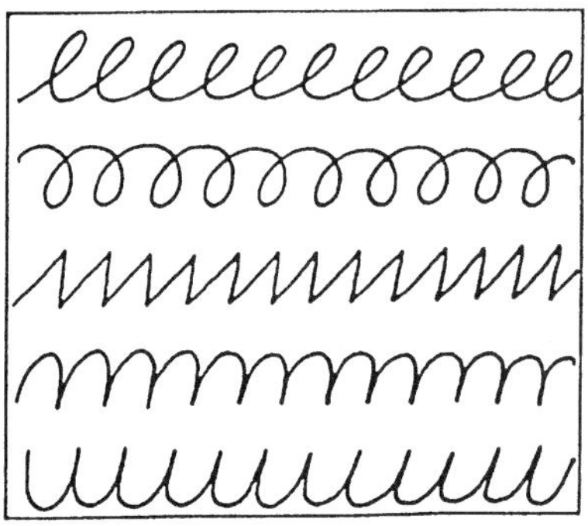

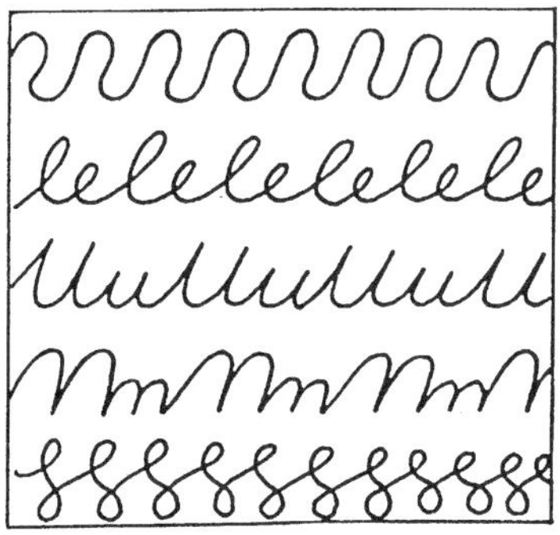

- Neben den Schwingübungen kann das Abmalen von einfachen Formen als Vorbereitung zum Schreiben helfen. Anregungen finden Sie in dem Heft „Spielend schreiben lernen“ und „Spielen – Malen – Schreiben“ (siehe Materialvorschläge).

Material: Bezeichnung	Beschreibung	Hersteller
Skribi	Mit Skribi übt das Kind die Hand-Auge-Koordination. Durch große Schreibbewegungen auf einer bunten Spielfläche wird das Schreiben vorbereitet. Eine Murmel muss mit Hilfe eines Kästchens (verschiedene Größen) bis zum Endpunkt gebracht werden, ohne dass sie in ein Loch fällt. Ein Ergänzungssatz besteht aus 3 weiteren Karten auch mit Aufgaben für 2 Hände.	Nienhuis
Kwinto	Spiele zur Feinmotorik. Der Kwinto Motokasten ist gefüllt mit einfachen Bewegungsspielen für feinmotorische Fertigkeiten, die für die Entwicklung der Schreibfunktion wichtig sind, z.B. Motorik von Hand und Finger, die Auge-Hand-Koordination, entspannte Schreibbewegung, räumliche Orientierung und Konzentration.	Nienhuis
F. Schilling Spielen – Malen – Schreiben	Die Übungen vermitteln dem Kind grundlegende graphomotorische Bewegungsformen. Sie beginnen mit einfachen Kritzelbewegungen, die dann nach und nach komplexer werden und zu den formalen Grundelementen der Buchstaben hinführen.	modernes lernen
Schreib-Vorschule	Holzvorlagen mit welligen, eckigen und runden Linien, die verfolgt werden. So werden der Schreibverlauf und die Gelenkigkeit der Hand trainiert. Eine erste Einweisung in das Schreiben.	Educo
Spielend schreiben lernen	Schreibvorkurs. Durch Ausmalen der Vorlagen bzw. Nachzeichnen der roten Linien wird das Kind zur Schreibbewegung hingeführt.	Hagemann
LernSpielZwerge – Schreibvorübungen	Punkterätsel und Labyrinthe, Such-, Ausmal- und Schwungübungen motivieren die Kinder und sorgen für die nötige Abwechslung. Klare und einfache Aufgabenstellung.	Loewe
	Farben zum Malen	
	Fingerfarben	
Fingerfarben Rondini	Halbrunde Kunststoffschälchen. Set mit4 oder 6 Schälchen erhältlich.	Pelikan
Marabu-Fingerfarben-Set	Marabu-Fingerfarben sind auswaschbar. Sie eignen sich zum Malen mit dem Finger sowie zum Malen mit dem Schwamm und dem Pinsel. Die Farben trocknen im Becher nicht ein und sind gut mischbar. Karton mit 6 Bechern in den Farben: Rot, blau, gelb, grün, schwarz und braun.	Marabuwerke

Material: Bezeichnung	Beschreibung	Hersteller
Fingerfarben	Aus Lebensmittel- und Lebensmittelzusatzstoffen. Set mit 6 Farben: Rot, gelb, grün, blau, braun, schwarz.	Ökonom
Mali-Fingermalfarben	Lichtecht, mit Wasser verdünnbar und auswaschbar. Fingerfarben-Set mit 6 Farbtöpfen: Rot, blau, gelb, grün, schwarz, weiß.	Faber
	Wachsfarben	
Pelikan Wachsmalmäuse	Wachsfarben als lustige und handliche Mäuse. 6 Farben in einer Packung.	Pelikan
Crayola Riesen	Abwaschbare Wachsmalstifte. 8 Stifte in einer Packung.	Revell
Standard-Wachsmalstifte	Papier ummantelt, 8 Stifte im Karton.	Revell
Wachsmalstifte	8 verschiedene Farben im Kartonetui.	Herlitz
Wachsmalblöcke	16 Stück in großen Blöcken (41 x 23 x 12 mm).	Stockmar
Wachsmalstifte	Dicke Stifte, wasserfest. 8 Stifte in einer Packung.	Pelikan
	Farbstifte	
Dicki-Farbstifte	Ø 4 mm, Lackierung auf Wasserbasis, 10 Stifte.	Faber
Jumbo-Farbstifte	Dicke Farbstifte, wasserlackiert, kurze und normale Länge.	Faber-Castell
Farbstifte	Lackierte Holzummantelung, 12 verschiedene Farben.	Revell
Super Dicki Farbstifte	Farbstifte wasservermalbar. Mine 6 mm Ø. Die Stifte sind unlackiert. Die Mine ist extrem bruchfest bei intensivem Farbabstrich.	Faber
Farbstifte mit Öko-Lasur	12 Stifte, Mine 5 mm Ø, Länge 17,5 cm. Bruchgeschützt durch Spezialverleimung. Auswaschbar aus den meisten Textilien.	Faber-Castell
	Kreiden	
Wandtafelkreide farbig	Viereckig, papiergewickelt, 13 mm Ø, 90mm Länge. 12 Farben.	Faber
Straßenmalkreide	Mit Lebensmittelfarben, abwaschbar, rund, 25 mm Ø, Länge 10 cm. 5 verschiedene Farben.	Faber
	Filzstifte	
Standard-Fasermalstifte	10 Farbstifte farbig sortiert im Plastikbeutel.	Faber-Castell

Material: Bezeichnung	Beschreibung	Hersteller
Dicki-Fasermaler	Mit Lebensmittel-Farbstoffen und extra dicker Malspitze. Die Stifte haben einen Ø von 1,5 cm und sind daher auch für kleine Hände geeignet. Packung mit 10 verschiedenen Stiften.	Faber
	Wasserfarben	
Malkasten	6 verschiedene Farben in großen Tabletten.	Herlitz
Maxi-Farbkasten	8 Farbtabletten, Ø 44 mm. Tiefziehteil mit 3 Mischfächern.	Faber
	Fenstermalfarben	
Dicki Fenstermalkreiden	Abwaschbar, papierumwickelt, 6 und 10 Kreiden im Karton.	Faber
Fenstermalfarben	6 Kunststoffbecher à 50 ml, verschiedene Farben, trocken als Folie abziehbar.	Nerchau

3.6 Werkzeuggebrauch

Unter Werkzeugbenutzung versteht man alle Tätigkeiten, die mittels eines Gegenstandes ausgeführt werden. Wenn das Baby die Erfahrung macht, dass es sich mittels einer Schnur sein Spielzeug wieder heranziehen kann, so bedient es sich erstmals eines Werkzeuges. Das gleiche gilt für das Essen mit dem Löffel oder den Gebrauch der Zahnbürste. Wieder später hantiert es mit einfachen Spielwerkzeugen oder führt die ersten Schneideversuche mit einer runden Kinderschere aus. Im 4. Lebensjahr fängt das Kind an, mit einem Messer zu schneiden. Ein Jahr später beherrscht es schon die Fertigkeit, sein Brot mit einem Messer zu bestreichen.

Der Umgang mit Werkzeug dient der Vorübung differenzierter, handgeschicklicher Tätigkeiten, wie sie beim Zeichnen und Schreiben erforderlich sein werden.

Wie kann gefördert werden?

Entwicklungsalter: ab 1 $^{1}/_{2}$ Jahre

- Das Spiel mit dem Hammerbänkchen wird im Förderungsbereich „Handbeweglichkeit“ erwähnt. Es soll deshalb hier als Beispiel die Einübung des Scherenschneidens erläutert werden:

Entwicklungsalter: ab 4 Jahre

- Das Schneiden mit der Schere erfordert eine recht komplizierte Mechanik der ganzen Hand, wobei besonders der Daumen durch intensives Abspreizen und Zudrücken in Tätigkeit tritt. Zur Vorbereitung für den Gebrauch der Schere können Instrumente genommen werden, die das Kind ähnlich zusammendrücken kann. Z.B. können Wäscheklammern (Abb. 30) auf den Rand einer Dose gesteckt werden, mit der Zange Nüsse (Abb. 31) von einem Behälter in den anderen transportiert oder Spielkarten mit der Schaffnerzange gelocht werden. Bald kann das Kind dann erste Versuche wagen, Luftschlangen oder hingehaltene schmale Papierstreifen mit der Schere durchzuschneiden. Ein Bindfaden kann abgeschnitten werden, Hühnerfedern oder andere Federn können beschnitten werden. Aus einem viereckigen Faltblatt kann durch einfaches Einschneiden ein Fransendeckchen hergestellt werden. Erst später wird an geraden Linien entlang oder erste Kurven geschnitten.
Ist eine gewisse Sicherheit im Umgang mit der Schere erreicht, so macht es Spaß, aus Katalogen (Abb. 32) alle möglichen Bilder auszuschneiden.

Abb. 30

Abb. 31

Abb. 32

- Als erstes handwerkliches Arbeiten können Kinder schon ab 5 – 7 Jahren folgendes ausführen: Mit einem Hammer Nägel in weiches Holz schlagen, Schrauben mit einem Schraubenzieher ein- und ausschrauben, Nägel mit einer kleinen Kneifzange herausziehen, mit einem Zollstock etwas messen oder etwas ankleben.

Material: Bezeichnung	Beschreibung	Hersteller
Aquarium	Wer angelt den dicksten Fisch? Aber an der Angel sind auch andere Dinge, wie z.B.: Schuhe, Flasche, Dose! Alles wird gezählt. Wer am Schluss die meisten Punkte hat, gewinnt den Angelwettbewerb.	Ravensburger
Buddel	Stabiler Bagger/Kipper aus Holz mit Raupenketten, einer beweglichen Schaufel und einer Kippmulde, die auf und ab bewegt werden kann. Dazu gibt es eine Bauanleitung und 3 Werkzeuge.	Brio
Heppo	Mobiler Kran mit 6 Rädern und einem Haken mit dem er Dinge anheben kann. Dazu Bauanleitung und 2 Werkzeuge.	Brio
Kleiner Werkzeugkasten	Ein perfekter Satz für Anfänger. Komplett mit Hammer, Nägeln und Leisten. Für jüngere Kinder geeignet.	Brio
Builder Werkzeugkasten	Lustiges Bauspiel mit Werkzeug. Neben 4 Werkzeugen ist eine Auswahl der nützlichsten Bauteile erhalten. Inhalt: 78 Teile Als Grundstock für das Brio-Builder System geeignet.	Brio
Nagelspiel	Holztäfelchen (50 Stück, 3 mm stark) mit Korkplatten, Holzhammer, Nägeln und farbiger Vorlage.	Haba
Kayanak	Symbol- und Zahlenwürfel bestimmen, wo auf dem Eis (Spielplan) ein Loch eingeschlagen und geangelt werden darf. Ein taktisches Würfel- und Angelspiel.	Haba
Flotte Flosse	Bei diesem Spiel müssen mit einem Kescher Fische gefangen werden. Eine Karte wird aufgedeckt. Wer den darauf abgebildeten Fisch im großen Teich zuerst entdeckt und fängt, bekommt die Karte zur Belohnung. Ein turbulentes Spiel.	Haba
Matador Ki 1	Die Ki-Holzbausteine haben die Maße 4 x 4 cm und sind für kleinere Kinder gut greifbar. Der Ki 1-Baukasten besteht aus 65 Teilen inkl. Hammer, Zange, Keil und bildlicher Anleitung.	Matador
Matador Ki 2	Dieser Baukasten besteht aus 100 Teilen.	Matador

Material: Bezeichnung	Beschreibung	Hersteller
Matador Ki 3	160 Teile	Matador
Scheren	Kinderschere gerundet Linkshänderschere Kinderschere spitz	verschiedene Hersteller
Arztkoffer	Im Koffer sind viele Dinge enthalten, die auch der „richtige" Arzt benutzt und die die Kinder zum „Doktor-Spielen" brauchen.	Haba

3.7 Handgelenkbeweglichkeit

Zunächst werden viele Ziel-, Wurf- und Schlagbewegungen mit dem ganzen Arm ausgeführt. Die Beweglichkeit des Handgelenks bildet sich erst allmählich heraus. Sie ist eine wichtige Voraussetzung für das Schlagen und Werfen, das Auf- und Zuschrauben, Kurbel drehen oder für das Essen mit dem Löffel.

Wie kann gefördert werden?

Entwicklungsalter: ab 2 Jahre

- Erste Schlagbewegungen lassen sich mit dem Hammerbänkchen einüben (Abb. 33). Das einfache Trommeln mit einem Kochlöffel auf einer Waschpulverdose oder einem umgekehrten Eimer dient der gleichen Funktion. Mit etwa 5 – 6 Jahren ist das Kind dann in der Lage, einen dicken Nagel in eine weiche Holzfaserplatte einzuschlagen.

Abb. 33

- Das Üben von Schraub-, Dreh- und Schließbewegungen kann mit Hilfe einfacher Schraubdosen (Abb. 34, darin liegt natürlich als Belohnung ein Gummibärchen), einer kleinen Drehorgel oder Spielzeugen mit einem Schloss (z.B. die Formenbox von Brio) verlockend dargeboten werden.

- Sobald die ersten Laufschritte gemacht werden und der Schrank als Standhilfe dient, bieten Schrankschlüssel eine natürliche Gelegenheit zum übenden Entdecken des Schließmechanismus.
- Mit etwa 4 Jahren können Kinder auch schon mit leichten Handspielpuppen oder Handspieltieren umgehen. Für das Spielgespräch reicht eine Figur, auf die sich das Kind konzentriert und sich in der Handbeweglichkeit übt.

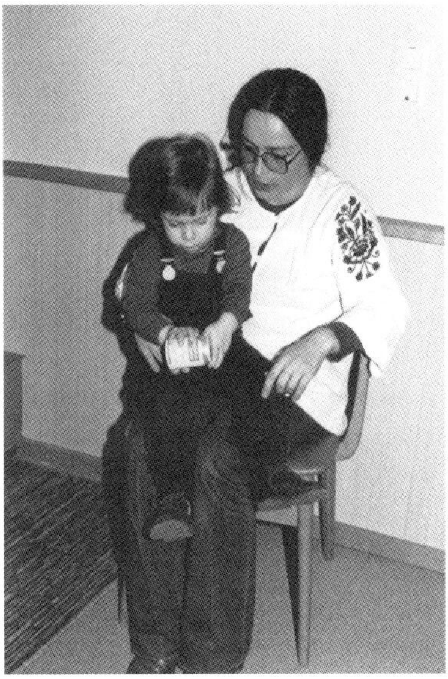

Abb. 34

Material: Bezeichnung	**Beschreibung**	**Hersteller**
Hammerbank	Diese Klopfbank hält auch festen Schlägen von allen Seiten stand. Der Hammer ist stabil und hält einiges aus.	Brio
Pentatonisches Glockenspiel	Dieses Glockenspiel klingt immer harmonisch. Es ist formschön, sehr robust und mit hochwertigen Klangplatten ausgestaltet.	Sonor
Kugel-Klopfbank	Schon die Kleinsten können sich damit beschäftigen. Die Kugeln laufen über eine Schiene wieder nach oben.	Heros
Farben und Formen	Eine Formenbox mit 3 Öffnungen für 2 Kugeln, 2 Quadrate und 2 Dreiecke. Mit einem Schlüssel wird die Box geöffnet und die Formen zum erneuten Einstecken herausgeholt.	Brio
Baufix	Grundlage des Baufix-Systems ist, dass die einzelnen Bauteile zusammengeschraubt werden. Es fängt mit einfachen Konstruktionen an, und die Kinder lernen Schritt für Schritt das Zusammenfügen der Teile.	
– Basic-System	33 Modellmöglichkeiten 62 Teile mit Anleitung	

Material: Bezeichnung	Beschreibung	Hersteller
– Aufbau-Set 1	Bestehend aus 69 Teilen für zusätzlich 14 Modelle.	
– Aufbau-Set 2	Bestehend aus 91 Teilen für weitere 21 Modelle.	Lorenz
Handspielpuppen	Einfache leichte Handspielpuppen oder Handspieltiere.	verschiedene Hersteller
Spritzgebäckmaschine	Wenn Spritzgebäck hergestellt wird, dreht das Kind die Gebäckmaschine.	Kaufhaus

3.8 Mechanisches Funktionsspiel

Jedes Kind schenkt von Beginn seines Lebens an allem, was sich bewegt, große Aufmerksamkeit. Alle Bewegung ist zunächst rätselhaft, und es versucht, noch unbewusst, den ihr zugrunde liegenden Mechanismus zu ergründen. Es macht Entdeckungen, wenn es noch rutschend beim Spiel kleine Autos mit „tut, tut“ in Bewegung setzt oder mit den ersten Gehversuchen den Puppenwagen schiebt. Es dreht und betrachtet von Fahrzeugen die Räder, um bisher Unbekanntes zu erkunden und zu erfahren.

Spielsachen, welchen eine Mechanik zugrunde liegt, sollten so gebaut sein, dass das Kind das Funktionieren selbst ergründen kann. Der Mechanismus der Bewegung sollte dem Kind verständlich sein (Abb. 35, 36). Kräne, Wagen, Autos und Eisenbahnen stellen notwendige Dinge dar, um mechanische Funktionen kennen zu lernen, aber auch um zu neuen Spielmöglichkeiten oder zum gemeinsamen Spiel mit anderen zu kommen.

Abb. 35

Abb. 36

Wie kann gefördert werden?

Entwicklungsalter: ab 2 Jahre

- 2- bis 5jährige Kinder brauchen robuste Fahrzeuge. Sie sind noch ungeschickt im Umgang mit den Spielzeugen, unermüdlich im Erproben von Verwendungsmöglichkeiten und versuchen häufig, darauf zu stehen oder zu sitzen. Erst das 5- bis 6jährige Kind interessiert sich spezieller für die Mechanik und Technik. Die Mechanik, z.B. bei Kippvorrichtungen, sollte einfach und gut überschaubar sein, damit das Kind die Möglichkeit hat, die technischen Zusammenhänge zu ergründen. Wie oft ist ein Spielzeug nach solchen Untersuchungen kaputt? Von Erwachsenen wird daraus oft eine Zerstörungswut abgeleitet; es ist aber das Ergebnis des Forschertriebes beim Kind. Ist die Mechanik einfach, lässt sie sich auch leichter reparieren. Holzspielzeuge sind teuer, aber oft haltbarer als einfache Plastikspielzeuge.

- Eine aus vielen Einzelteilen bestehende Holzeisenbahn ist stabil und kann in immer neuen Variationen zusammengebaut werden (Abb. 37). Mit einigem Zubehör (Häuser, Bäume, Tiere, Schranken, Tunnel) werden dann oft ganze Landschaften gebaut.

Abb. 37

Material: Bezeichnung	Beschreibung	Hersteller
Eisenbahn-Set Brio-BahnKreis	Einfach aufzubauende Holzschienen. Die 2- bis 3jährigen Kinder können mit diesen 12 Teilen einen Bahnkreis aufbauen. Mit einer roten Lok (Magnetkupplungen), 1 Waggon mit abnehmbarer Tankladung, 1 Lokführer und 8 gebogenen Gleisen fängt der Spielspaß an. Ergänzungsbausätze werden angeboten.	Brio
Brio-Bahn mit Bauernhof	Eisenbahn mit Brücke, Stall mit Pferd und Kuh, Bäumen, Warnschildern usw.	Brio
Große Brio-Bahn	Mit vielen Loks, Personenwagen, Güterwaggons, Brücken, Tunnel und vielen Schienen. Der Wunschtraum eines jeden kleinen Eisenbahners.	Brio
Lader mit Bagger und Lenkzug	Mit beweglicher Ladeschaufel und einer in verschiedene Positionen schwenkbaren Baggerschaufel.	Eibe
MAN Müll-LKW	Mit Müllcontainer und verschiedenen Funktionshebeln. Grün oder orange aus Kunststoff.	Bruder
Feuerwehr-Rüstwagen mit Boot	Aus Kunststoff. Zubehör: Schlauch, Pumpe usw.	Bruder
Caterpillar-Bulldozer	Raupenfahrzeug mit Baggerschaufel. Kunststoff.	Bruder
Bagger	Massivholzbagger mit beweglichem Auslegearm und echter Greiffunktion. Die Gummiketten verhindern das Einsinken im Sand.	Eibe
Feuerwehrauto	Aus Holz. Mit schwenkbarer Kurbelleiter.	Eibe

3.9 Ballwerfen und Fangen

Der Ball gehört mit zu dem beliebtesten Spielzeug der Kinder. Schon das Kleinkind ist von der rollenden Bewegung beeindruckt und krabbelt hinter dem Ball her. Es lernt, verschieden schnelle Ballbewegungen zu erkennen und diesen zu folgen. Je kleiner das Kind ist, um so größer soll der Ball sein. Je älter das Kind wird, um so eher wird es auch mit kleinen Bällen fertig werden.

Die Fähigkeit, einen Ball sicher aufzufangen, entwickelt sich erst sehr langsam. Hierbei werden schon kontrollierte Anpassungsbewegungen verlangt. Die Hände werden etwa vom dritten Lebensjahr an fangbereit, aber noch mit steifen Armen dem Ball entgegengestreckt. Es fehlt dem Kind noch die Möglichkeit, sich auf die Flugbahn des Balles einzustellen. Erst nach dem 4. Lebensjahr verbessert sich bei genügend Übungsangeboten die Fangqualität, und das Kind ergreift den fliegenden Ball sicher im Zangengriff (Abb. 38). Das Fangen und Werfen im Ballspiel erfordert immer wieder vielseitige Reaktionen und verfeinert in wechselnden Situationen das Zusammenspiel von Augen und Händen. Aus dem großen Angebot von Bällen werden hier nur einige beispielhafte Ausführungen vorgestellt.

Abb. 38

Wie kann gefördert werden?

Entwicklungsalter: ab 2 1/2 Jahre

- Geben Sie dem Kind einen Ball in die Hand, und lassen Sie es ohne jede einengende Anweisung damit spielen. Es wird ihn zunächst vielleicht rollen oder wegwerfen. Später wird es versuchen, den Ball einem Partner zuzuwerfen, ihn zu prellen usw. Mit der Zeit können kleine Aufgaben gestellt werden, die sich zum Teil auch für Spiele mit mehreren Kindern eignen:
  1. Den Ball im Grätschsitz sich gegenseitig zurollen (Abb. 39).
  2. Mutter und Kind werfen sich den Ball zu; Entfernung je nach Vermögen des Kindes. Der Ball wird an die Wand geworfen und wieder aufgefangen.
  3. Sich gegenseitig einen Ball mit den Füßen zuspielen. Beim Fußballstoß lernt das Kind, seinen Haltungsaufbau und sein Gleichgewicht von den Füßen her zu steuern.
  4. Das Kind versucht mit einem weichen Plüschball, Mutter oder Vater zu treffen. Anschließend versucht der Erwachsene, das Kind zu treffen.
  5. Die Kinder werfen den Ball durch einen hochgehaltenen Reifen.
  6. Den Ball auf glattem Boden rollen, mit beiden Händen oder nur mit einer Hand.

Abb. 39

7. Den Ball auf einer bestimmten Linie entlang rollen.
8. Seinen Ball auf den Boden fallen lassen und ihn sofort wieder fangen.
9. Jedes Kind wirft seinen Ball ein klein wenig hoch und versucht, ihn wieder zu fangen.

- Auch mit Sandsäckchen oder Stoffbällen kann Werfen geübt werden und bereitet viel Spaß, wenn ein bestimmtes Ziel getroffen wird.

Material: **Bezeichnung**	**Beschreibung**	**Hersteller**
Softbälle	In verschiedenen Größen erhältlich von 3,8 – 40 cm. Die weichen Bälle sind besonders für jüngere Kinder zum Spielen und Rollen geeignet.	Hanus
Buntbälle	In verschiedenen Ausführungen und Größen, 14 – 28 cm.	Togu
Wurfbälle	Aus Moosgummi, 6,5 cm Ø, in verschiedenen Farben.	Wiese
Gymnastikbälle	Aus Gummi mit Ventil zum Aufpumpen. In verschiedenen Farben.	Wiese
Stoffbälle	Selbst herzustellen aus alten, den Fuß voll gestopften und danach zugeknoteten Strümpfen, die mit einem „Schweif" durch die Luft fliegen.	
Sandsäckchen	Farbe: Rot – blau – gelb – grün. Größe: 17 x 22 cm Gewicht: 500 – 1500 g Material: Baumwolle mit ‚entstaubtem' Quarzsand gefüllt.	Schäfer

Material: Bezeichnung	Beschreibung	Hersteller
Bohnensäckchen	Farbe: Rot – gelb – blau – grün Größe: 10 x 15 cm Material: Baumwolle Mit Bohnengranulat.	Schäfer
Wurfsäckchen	Selbst herzustellen aus Frottee-Waschhandschuhen, Größe 10 x 20 cm. Mit Weizenkörnern, Reis, Linsen oder Erbsen zu füllen.	

3.10 Knöpfen – Knoten – Schnüren

Mit etwa drei Jahren hat das Kind den ausgeprägten Wunsch, alles alleine zu tun. Dazu gehört auch das An- und Ausziehen und zwar selbständig, ohne die Hilfe anderer. Es treten dabei gewisse Schwierigkeiten auf, wenn geknöpft werden soll, wenn Reißverschlüsse zugezogen, Druckknöpfe und Haken geschlossen oder Schuhe zugebunden werden müssen.

Wie kann gefördert werden?

Entwicklungsalter: ab 3 1/2 Jahre

- Es ist eine allgemeine Erfahrung, dass Erwachsene ganz automatisch und viel zu schnell solche Alltäglichkeiten wie Knöpfen oder Knoten ausführen und ein Kind diese Handgriffe nicht abgucken kann. Daher ist es gut, nach dem Beispiel von *Montessori* rechteckige Übungsrahmen herzustellen (Abb. 40). Das Üben an einem solchen Rahmen hat den Vorteil, dass das Kind jederzeit, wenn es das Bedürfnis hat, ausprobieren kann und das Übungsmaterial direkt vor sich liegen hat.

Abb. 40

Zwei gleich große Stoffteile werden auf einen Holzrahmen genagelt. Sie sollen sich in der Mitte des Rahmens mit ihren Längsseiten berühren bzw. etwas überlappen. Sie können folgendermaßen verbunden werden:
Rahmen mit Reißverschluss: Der Reißverschluss wird in beide Stoffteile eingenäht.

Rahmen zum Knöpfen: Die Stoffteile werden mit einer Knopfleiste und einer Knopflochleiste versehen. Es sollen Knöpfe mit unterschiedlicher Größe verwendet werden (Abb. 41).

Abb. 41

Ebenso verfährt man bei der Herstellung des Rahmens mit Haken und Ösen, des Rahmens mit kleinen und großen Druckknöpfen und des Rahmens mit verschiedenen Schnallen (dazu können alte Gürtel verwandt werden).

Bei dem Rahmen zum Knoten- und Schleifenbinden sind an den Stoffteilen für jede Schleife zwei Bänder in der Länge von ca. 50 cm zu befestigen. Das Band der einen Seite sollte z.B. rot und das der anderen Seite blau sein.
Da gerade der Vorgang des Knotens für das Kind schwierig ist, sollte dieser Ablauf in verschiedene Abschnitte eingeteilt werden.

Knoten:
1. Die Bänder ordnen. Jede Farbe liegt für sich.
2. Bänder kreuzen. Dabei liegt immer das rechte Band oben.
3. Es wird ein „Tor“ gebildet, indem die liegenden Bänder hochgehoben werden. Durch dieses Tor wird mit der linken Hand das rechte Band geführt und der Knoten gebildet.

Schleife:
Wird der Knoten sicher geschafft, kann die Schleife geübt werden.
1. Nach dem Knoten wird mit dem Band in der linken Hand eine Schlaufe gebildet.
2. Das rechte Band wandert um die Schlaufe herum, wird doppelt in einer Schlaufe durch das kleine „Tor“ durchgesteckt, und beide Schlaufenenden werden fest zugezogen. Die Schleife ist fertig.

Material: Bezeichnung	Beschreibung	Hersteller
Fädeltiere und Figuren aus Holz	Figuren mit 17 verschiedenen Formen aus Hartholz zum Bemalen und mit 2 Löchern zum Auffädeln auf eine Schnur.	Dusyma
Fädelzoo	Krokodil, Zebra oder Tiger mit Bohrungen, durch die ein farbiges Baumwollband gezogen wird.	Haba
Fädelbrett	Ein Holzbrett in der Größe 18 x 18 cm, natur oder farbig gebeizt, mit großen Löchern, durch die mit bunter Fädelschnur einfache Muster gestaltet werden können.	Praunheimer
Übungsrahmen für Verschlüsse nach *Montessori*	Rahmen mit Knöpfen. Rahmen mit Schleifen. Rahmen mit Schnüren.	Nienhuis
Schmuse- und Lernclown	Beim An- und Ausziehen des Clowns lernt das Kind verschiedene Verschlüsse kennen. Größe: 40 cm	Brio
Fädelbär	Sperrholzbär mit Bohrungen zum Durchfädeln. Dazu Hose, Hemd, Mantel und Fliege, ebenfalls aus Sperrholz zum Aufnähen mit bunten Fäden. Bär 9 mm dick, 22 x 18 cm groß. Kleidung farbig gebeizt.	Ahrens
	Spielbücher	
Antje Flad Mein erstes Schnürsenkelbuch	In diesem spielerischen Bilderbuch dreht sich alles ums Fädeln und Schnüren.	Ravensburger
Katja Schubert Auf und zu – Das kann ich schon	Ein Spielbilderbuch zum Fädeln und Knoten.	Arena
Monika Neubacher-Fesser Text: Sabine Cuno Mein erstes Fädelbuch	Alles dreht sich hier um das Fädeln. Mit dem Fädeln kann das Kind einfache Gegenstände ergänzen. Das Fädelholz erleichtert es dem Kind, den Faden durch die großen Löcher zu ziehen.	Ravensburger

4. Förderung in der Körpermotorik

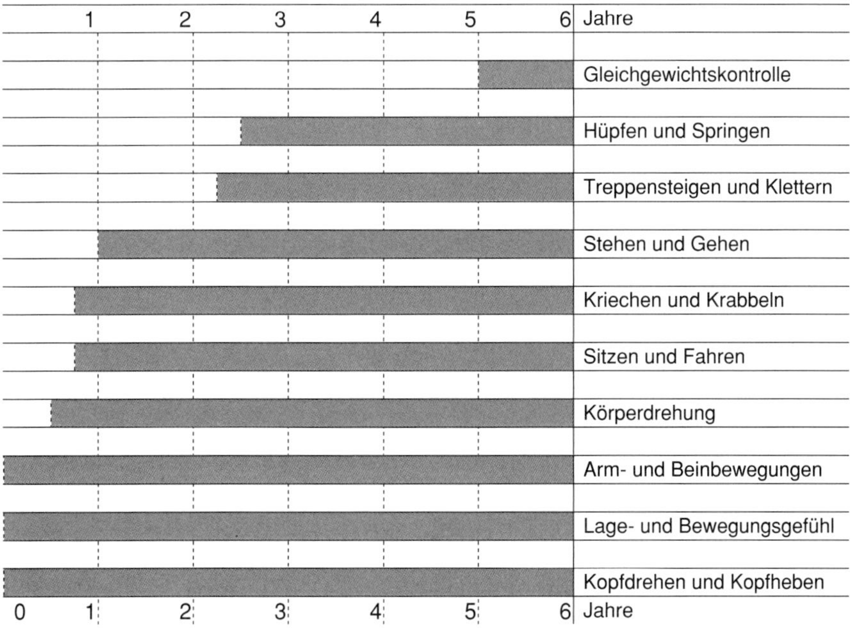

4.1 Kopfdrehen und Kopfheben

Wenn wir ein Neugeborenes in seinem Bettchen beobachten, so sehen wir, dass es schon recht viele Bewegungen vollziehen kann. Es bewegt seine Arme und Beine, dreht den Kopf zur Seite und kann ihn auch gelegentlich anheben. Der Kopf ist nach dem Rumpf der schwerste Körperteil des Babys. So kann man sich vorstellen, welche Leistung das Kopfheben und das Halten dieses schweren Gewichtes bedeutet. Das Baby trainiert dadurch eine ganze Reihe von Muskeln im Bereich des Nackens, der Schultern und des Rückens. Erst mit einem Vierteljahr ist es normalerweise in der Lage, sich in Bauchlage mit aufrecht gehaltenem Kopf mehrere Minuten auf die Unterarme zu stützen.

Wie kann gefördert werden?

Entwicklungsalter: ab Geburt

- In den ersten Lebenswochen das Köpfchen beim Tragen oder Hochnehmen aus dem Bett immer mit einer Hand halten. Das Baby auch auf den Bauch legen, da es in dieser Lage immer wieder sein Köpfchen zu heben versucht.
- Dem Kind in Rückenlage öfter die Hand unter den Rücken legen, damit das aktive Heben von Kopf und Schulter erreicht wird.
- Seitliche Bewegungen des Kopfes werden am besten erreicht, wenn man eine bunte Rassel oder einen leuchtenden Gegenstand im Blickwinkel des auf dem Bauch oder auf dem Rücken liegenden Kindes allmählich nach beiden Seiten bewegt, damit das Köpfchen diesen angebotenen Reiz verfolgt.
- In Rückenlage das Kind an beiden Armen langsam hochziehen und wieder zurücklegen. Dadurch soll erreicht werden, dass es den Kopf mitnimmt.
  Das Kind in Bauchlage auf beide Unterarme stützen.

4.2 Lage- und Bewegungsgefühl

Das Baby empfindet sich selbst durch die Art, wie es beim Aufnehmen, Stillen, Wickeln und Anziehen berührt, angefasst und bewegt wird. Mütterliche Hautkontakte vermitteln ihm die für sein seelisches Gedeihen notwendige Geborgenheit. Die schaukelnden Bewegungen in den Armen der Mutter/des Vaters fördern außerdem die für die Gesamtentwicklung so überaus wichtigen Lage- und Bewegungsempfindungen. Wissenschaftliche Untersuchungen haben ergeben, dass Kinder, die viel herumgetragen wurden (damit ist nicht die Verwöhnungssituation gemeint), eine größere Bewegungssicherheit zeigen und auch intellektuell größere Fortschritte machen.

Wie kann gefördert werden?

Entwicklungsalter: ab Geburt

- Eltern sollten das Baby auf möglichst verschiedene Weise herumtragen, z.B. auf dem Arm schaukeln oder wiegen, auf dem Arm oder auf die Schulter setzen. Beim Tragen den Schrittrhythmus, das Tempo und die Richtung ändern. Das Baby soll jede Änderung Ihrer Bewegung mit all seinen Sinnen mitempfinden. Wiederholen Sie die Bewegungen, bei denen das Kind freudig reagiert, und lassen Sie es allmählich bewusst

mitspielen. Auch Musik kann die wiegende Bewegung auf dem Arm noch verstärken. Die Wiege kommt dem Bedürfnis des Kindes nach gleichmäßiger, ruhiger Bewegung entgegen und sollte, wenn irgend möglich, das Körbchen oder das Gitterbettchen ersetzen.
Nutzen Sie jede Gelegenheit, den Säugling auf Ihre bloße Haut zu legen. Wiegen Sie ihn behutsam hin und her. Das gibt Sicherheit und Wohlgefühl. Vermeiden Sie Hast und Hektik oder abrupt unterbrochene Bewegungen. Dieses verängstigt das Kind und bringt Unsicherheit und Unwohlsein.

- Heute gibt es auch verschiedene Tragehilfen, die einen engen Kontakt zwischen Mutter/Vater und dem Kind vermitteln. Das Baby kann dabei in aller Geborgenheit die Bewegungen der Bezugsperson miterleben. Eine gute Alternative und Ergänzung zu Ausflügen mit dem Kinderwagen.
  Zunächst kann das Kind liegend, später dann aufrecht mit dem Gesicht zu Mutter/Vater getragen werden.
  So gelingt es dem Baby schon sehr früh, Vater und Mutter zunächst im wörtlichen Sinne, später aber auch im übertragenen Sinne zu „begreifen“.
- Weitere Angebote zur Förderung des Lage- und Bewegungssinnes:
  Das Kind wird für kurze Zeit über die Schultern des Erwachsenen gelegt, der sich mit ihm dann bewegt.
- Der Erwachsene hebt das Kind hoch über seinen Kopf und lässt es wieder herunter. Dabei gebraucht er möglichst immer dieselben Worte wie: „Rauf – runter“.
- Das Kind wird auch einmal vorsichtig in die Luft geworfen und liebkost, wenn es wieder aufgefangen wird.
- Der Erwachsene lässt das Kind wie ein Flugzeug durch die Luft sausen oder spielt mit dem Kind auf dem Schoß das „Hoppe-hoppe-Reiter-Spiel“.

Material: Bezeichnung	Beschreibung	Hersteller
	Tragetücher	
	Es gibt eine ganze Reihe von Trageweisen, die empfohlen werden. Bei Tragetüchern sind nahezu alle Trageweisen geeignet. Ob liegend, sitzend oder aufrecht, ob vor dem Bauch oder seitlich, für jede Tragevariante gibt es eine spezielle Bindeweise. Diese können Sie in Kursen erlernen. Es wird vom Hersteller oder von Geburtshäusern angeboten. Die aufgeführten Tragetücher sind auch schon für ganz kleine Babys zu empfehlen, da sie frei von Schadstoffen sind, und die Tragehilfe auch aus orthopädischer Sicht für die Babys geeignet ist.	
Bebina Baby Tragetuch	Design: Karo gelb/orange. Handhabbarkeit sehr gut.	Bebina
Didymos Babytragetuch Martin 6	Design: Orange, rot, gelb. Handhabbarkeit sehr gut.	Didymos
Lotties Tragetuch gestreift	Design: Naturfarben/grün/braun/hellbeige. Gute Handhabbarkeit.	Lotties Wickel-systeme
Glückskäfer Babytragesack	Kann an die Größe des Kindes und des Tragenden angepasst werden. Die Beinchen des Kindes sind angehockt. Kopf- und Rückenstütze vorhanden.	Käfer & Partner
Schaukelwippe Look LX	Leicht zu transportieren. Soft gepolsterte Liegefläche. Die Rückenlehne lässt sich in jede gewünschte Position bringen und die Stütze für die Beinchen ist 2fach verstellbar.	Chicco
Schaukelwippe Soft	Ideal für die Kleinsten. Sie besitzt eine Schaukel und eine Fixposition. Große, weich gepolsterte Rückenschale, stufenlos verstellbar.	Chicco

4.3 Arm- und Beinbewegungen

In unermüdlichem Bewegungsdrang beugt und streckt der Säugling seine Arme und Beine. Diese Bewegungen sind zur Kräftigung der Muskulatur notwendig. Ferner sind sie Ausdruck der Freude und des Wohlbefindens und fördern die allgemeine Entwicklung.

Wie kann gefördert werden?

Entwicklungsalter: ab 4 Wochen

- Für das Lernen der Bewegung spielt die Lagerung des Kindes eine besondere Rolle. In den ersten Lebensmonaten braucht das Baby wechselnde Lagereize. In seinen Wachphasen sollte es auf dem Rücken oder abwechselnd auf einer Seite liegen. So kann es Sie sehen und Blickkontakt mit Ihnen aufnehmen. Es erlebt Ihre Nähe besonders intensiv.
  Liegt das Baby auf dem Rücken, sollten Sie das Bettchen hin und wieder drehen, damit es nicht immer zur selben Seite schaut.
- Zum Schlafen sollte das Baby allerdings nur auf dem Rücken oder der Seite liegen. Lassen Sie es nicht in Bauchlage schlafen. Sie wird heute nicht mehr empfohlen. Wenn Ihr Kind auf der Seite liegt, heben Sie vorsichtig das untenliegende Ärmchen vor den Körper, so kann es nicht in die Bauchlage rollen.
- Die Unterlage des Bettchens soll straff elastisch sein (nicht zu hart und nicht zu weich), damit die Eigenbewegungen einen gewissen Widerstand finden. Um sich richtig bewegen zu können, braucht das Baby natürlich genügend Bewegungsfreiheit. Daher darf es nicht fest eingepackt sein, sondern im Strampelanzug oder bei entsprechender Temperatur nur in der Windelhose, teilweise auch ohne Zudecke liegen.
- Um Kraft und Beweglichkeit der Beine zu fördern, soll man die Fußsohlen des Kindes ein wenig kitzeln, sanft mit einer Bürste darüber streichen oder mit dem Fingernagel an der Fußsohle entlangfahren. Ein leichter Druck mit der Handfläche auf die Fußsohlen löst beim Baby eine Bewegungsantwort durch Strampeln aus. Beugen und strecken Sie abwechselnd sehr sacht die Beinchen, indem Sie die Fußgelenke fassen (Abb. 42). Eine vollständige Streckung ist noch nicht möglich. Üben Sie langsam und geduldig. Ma-

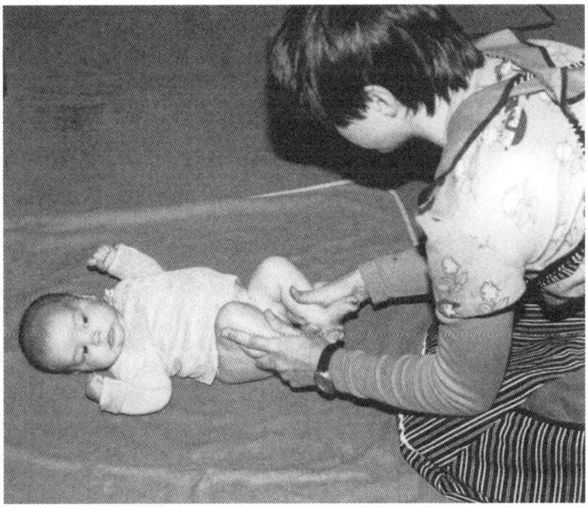

Abb. 42

chen Sie keine ruckhaften Bewegungen, und gehen Sie niemals gegen den Widerstand des Säuglings vor. Sie können auch beide Beinchen gleichzeitig beugen und strecken.

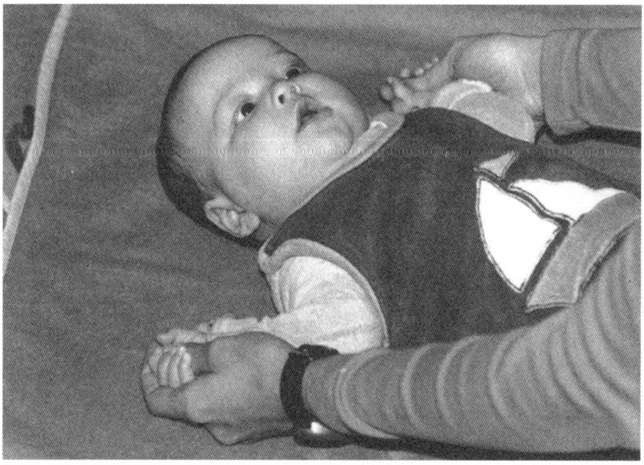

Abb. 43

- Auch die Kraft und Bewegungsfähigkeit der Arme sollte frühzeitig unterstützt werden. Legen Sie das Baby dabei auf den Rücken. Lassen Sie es Ihre Daumen umklammern (Abb. 43). Halten Sie noch zusätzlich die Unterärmchen fest, führen Sie diese hoch und legen Sie sie dann neben das Köpfchen. Wenden Sie auch dabei keinen Druck an. Dann führen Sie die Arme wieder zurück und legen sie neben die Hüfte. Überkreuzen Sie hin und wieder die Arme, indem Sie sie nach außen führen, so dass sie die Unterlage der Wickelkommode berühren. Diese Arm- und Beinübungen sind zwei bis dreimal nach dem Wickeln oder Baden zu empfehlen.

4.4 Körperdrehung

Im 6. und 7. Monat beginnt das Baby, sich mit zunehmendem Eifer im Bettchen oder auf der Krabbeldecke zu bewegen. Unter großer Anstrengung dreht es sich vom Bauch in die Rückenlage und zurück – und lässt sich auch durch Misserfolge nicht davon abhalten, es immer wieder zu versuchen.

Das Sich-Herumwälzen vom Bauch auf den Rücken oder umgekehrt stellt im Grunde die erste Fortbewegungsart des Säuglings dar. Dazu ist eine schraubenförmige Bewegung zwischen Becken und Schultergürtel notwendig. Mit Hilfe dieser Längsdrehung kann das Kind seine Körperlage erstmals selbst verändern. Dieser Bewegungsvollzug ist Voraussetzung sowohl für das Krabbeln als auch für das Sitzen.

Wie kann gefördert werden?

Entwicklungsalter: ab 6 Monate

- Rollen Sie langsam den Säugling vom Rücken auf den Bauch und wieder zurück. Dreimaliges Üben genügt.
- Lassen Sie ihn einen Ihrer Finger fassen, und ziehen Sie ihn daran in die Seitenlage. Dann lassen Sie ihn langsam wieder zurückrollen.
- Wenn das Kind auf dem Rücken liegt, zeigen Sie ihm ein Spielzeug und legen dieses knapp außer Reichweite, damit es sich herumrollen muss, um es zu bekommen.
- Liegt das Baby auf dem Bauch, so halten Sie seitlich im Blickfeld ein beliebtes Spielzeug hin und bewegen dieses langsam über dem Kind zur anderen Seite. Dabei soll erreicht werden, dass das Baby sein Spielzeug verfolgt und sich auf den Rücken rollt.

4.5 Sitzen und Fahren

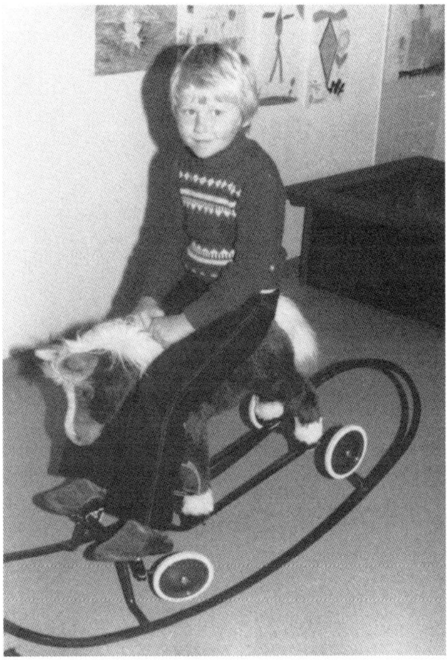

Abb. 44

Zunächst sitzt der Säugling nur, wenn er hochgezogen oder hingesetzt wird. Dabei ist der Rücken noch krumm. Häufig stützt er sich mit beiden Händen ab. Mit neun Monaten kann ein Säugling normalerweise für kurze Zeit frei und mit aufrecht gehaltenem Kopf sitzen. Er benötigt dazu viel Konzentration, um das Gleichgewicht zu halten. Der jetzt noch nicht ganz gestreckte Rücken zeigt, dass die neu erworbene Fähigkeit noch nicht voll entwickelt ist. Die Entwicklung des Sitzens hat ihren Abschluss erreicht, wenn das Kind auch durch Anheben der Beinchen sein Gleichgewicht nicht mehr verliert und mit geradem Rücken und gestreckten Beinen lange sitzen kann. Dann wird es auch ohne Balanceschwierigkeiten auf einem Rutscherauto oder Schaukelpferd sitzen können. Auf dem Schaukelpferd muss das Kind sitzend und oft ohne Kontakt der Füße zum Boden sein Gleichgewicht halten können.

Etwa mit 3 Jahren ist das Kind soweit, dass es im Sitzen die Tretbewegung ausführen kann und ein Kettcar oder Dreirad haben sollte. Das Kettcar- und Dreiradfahren erfordert gleichzeitig auch die Fähigkeit, mit den Händen zu lenken. Das gleichzeitige Treten und Lenken überfordert kleine Kinder zu allermeist. Erst die Übung macht den Meister.

Wie kann gefördert werden?

Entwicklungsalter: ab 7 Monate

- Das Baby lässt sich etwa im 7. Monat gerne an den Händen zum Sitz hochziehen. Dabei soll es den Kopf zwischen die Schultern ziehen und ihn mit anheben. Später wird man nur noch beide Zeigefinger zum Hochziehen anbieten. Das Baby klammert sich daran fest und zieht sich mit eigener Kraft zum Sitz hoch.
- Um das Gleichgewicht im Sitzen zu üben, kann ein Spielzeug vor oder neben das sitzende Kind gelegt werden, so dass es sich nach vorn oder zur Seite beugen und abstützen muss, um an das Spielzeug zu gelangen.
- Bereitet dem Kind das Allein-Sitzen keine Schwierigkeiten mehr, kann es auf ein Rutscherauto, Laufrad, Dreirad oder ein Schaukelpferd gesetzt werden.

Material: Bezeichnung	Beschreibung	Hersteller
	Rutscherautos, Laufräder und Laufwagen	
Bobby Car	Sehr stabiles Kleinkindauto mit Lenkung und Hupe. Die Kunststoffräder sind Gummi ummantelt. Da es nur durch Schieben bewegt wird, entspricht es den Bewegungsmöglichkeiten der Kleinsten. Sitzhöhe: 19 cm	Big
Zimmerauto	Rutscher aus Holz. Vorne und hinten mit Gummiwulst als Stoßschutz.	Lautenbacher
Pedo-bike „S"air	Ein Laufrad mitwachsend von 2 – 6 Jahren. Sitzhöhe stufenlos und schnell verstellbar. Rahmenhöhe 3-fach verstellbar, 12 Zoll Luftbereifung. Sitzgröße auch für 2 Fahrer.	Holz-Hoerz
Runnic-Laufrad	Das Laufrad hat ein sehr schönes Design und ist geeignet für Kinder ab 2 Jahren. Die Sitzhöhe wird so eingestellt, dass beide Füße fest auf dem Boden stehen. Sitzhöhe verstellbar. Die Gleichgewichtsschulung auf spielerische Art bringt dem Kind Vergnügen.	Nic

Material: Bezeichnung	Beschreibung	Hersteller
Babyrutscher Fido	Lenkbares Kleinkind-Auto aus Kunststoff.	Ferbedo
Rutscher-Traktor	Kleinkind-Fahrzeug aus Kunststoff. Hupe, Ablage unter der Motorhaube.	rolly toys
Big-Buffalo-Truck	Lenkbarer Kleinkind-LKW aus Kunststoff. Er ist von robuster Qualität und leicht lenkbar.	Big
Rutschauto	Länge 54 cm; in sehr stabiler Ausführung. Unter der Sitzklappe, die herauszunehmen ist, befindet sich ein Stauraum. Mit rotem Lenker. Sehr ansprechende Ausstattung.	Meistergilde
Rollbank	Eine kleine Fußbank aus Buchenholz mit eingebauten Rollen (roten Kugeln). Dreht man die Fußbank um und setzt sich darauf, kann die Reise losgehen.	Meistergilde
	Dreiräder und Kettcar	
Kunterbunter Flitzer	Ein buntes, sehr ansprechendes Dreirad. Zur Sicherheit der kleinen Fahrer mit begrenztem Lenkeinschlag, rutschfesten Pedalen und hoher Kippsicherheit.	Kettler
Dreirad Siena	Mit Kippmulde hinter dem Sitz, Freilauf und Bremse.	rolly toys
Dreirad klein	Bewährtes Dreirad besonders für die Kleinsten.	Winther
Dreirad Maxi	Mit feststehendem Sattel und großem Vorderrad.	Winther
Kettcar Monaco	Sporträder mit breiten Profilreifen. Breiter Lenkbügel. Kunststoffschalensitz verstellbar. Auf beide Hinterräder wirken die Handbremsen.	Kettler
	Schaukelpferde und Schaukeln	
Schaukelpferd natur	Abmessungen: 90 x 32 x 56 cm, Sitzhöhe 34 cm	Nic
Schaukelpferd	Aus Kiefernholz, ca. 100 cm lang. Sitzhöhe ca. 43 cm.	Beck
Fellpferd	Holz bezogen mit Ziegenfell. Saumzeug und Sattel aus Leder. Sitzhöhe 55 cm.	Meier
Gitterschaukel	Kleinkindschaukel, Buchenholz lasiert. Holzgitter. Sitzfläche 32 x 32 cm oder 36 x 36 cm.	Stilp
Schaukel	Buchenbrett mit Polyseil, 10 mm Ø, bis 185 cm verstellbar. 54 x 17 cm Kinderschaukel bis 75 kg belastbar.	emwe
	Schaukelelemente in den Fußgängerzonen und auf Spielplätzen.	

4.6 Kriechen und Krabbeln

Unter Kriechen versteht man das Vorwärtsgleiten, bäuchlings, in der Art des Robbens. Normalerweise beginnt es, sich zwischen einem halben und einem dreiviertel Jahr zu entwickeln. Damit erreicht das Kind bereits eine Möglichkeit, sich zielgerichtet und willkürlich fortzubewegen. Das Baby liegt dabei auf dem Bauch, der Oberkörper ist angehoben. Auf die Unterarme gestützt, zieht es seinen Körper auf dem Boden nach. Ein wenig später hebt es ihn immer wieder von der Unterlage ab. Es stützt sich nur noch auf die Hände und Knie. Diese Haltung ist die Ausgangsposition für das Krabbeln. Durch Vorwärts- und Rückwärtswippen in dieser Stellung übt sich das Baby im Verlagern des Gleichgewichts, das zum späteren Vorwärtskrabbeln notwendig ist.

Wie kann gefördert werden?

Entwicklungsalter: ab 9 Monate

- Anreiz zu ersten Kriech- und Krabbelversuchen kann durch attraktives Spielzeug gegeben werden, das in nicht zu großer Entfernung liegt (Ball, fahrbares Tier, Auto, Lieblingsspielzeug an der Schnur usw.). Es wird mal hier-, mal dorthin gelegt, um den bäuchlings liegenden Säugling zur Fortbewegung zu motivieren. Es sollte aber nahe genug sein, damit der Willensimpuls zur Vorwärtsbewegung noch gegeben ist. Dreht sich das Kind trotz aller Bemühungen nur karussellartig auf der Stelle, ohne dabei vorwärts zu kommen, so kann man versuchen, den Beinen an den Fußsohlen Halt zum Abstoßen zu geben.
  Das Krabbeln müsste von alleine kommen. Wenn es sich gegen Ende des 1. Lebensjahres noch nicht zeigt, sollte der Kinderarzt gefragt werden, ob spezielle Entwicklungshilfen gegeben werden müssen.

Material: Bezeichnung	Beschreibung	Hersteller
Auto	Hinterherkrabbeln und dem Auto einen kleinen Schups geben. Das Holzauto mit dem pfiffigen Fahrer motiviert das Baby immer weiter zu krabbeln.	Selecta
Autopino	In diesem Auto sitzt eine Maus am Steuer. Das Auto lässt sich leicht schieben und motiviert zum Hinterherkrabbeln.	Selecta
Topeto (Auto mit Maus)	Wenn man auf die Maus drückt, tutet die Käsehupe. Anschupsen und schnell hinterher krabbeln.	Selecta
	Baby-Bälle und Kullerspielzeug	
Ball	Ein weicher Ball in verschiedenen Farben. Ø 12,5 cm.	Chicco

Material: Bezeichnung	Beschreibung	Hersteller
Frottee-Ball	Mit Füllung aus Schaumstoff, hell- und dunkelfarbig. Größe: 12,4 cm Ø.	Käthe Kruse
Ball	Nicki-Baumwollstoff, weich gefüllt mit Polyesterwatte. Ø 7 und 10 cm.	Sterntaler
Ball	Ø 15 cm, bunter, weicher Plüschball. Waschbar.	Steiff
Wasserball	In einer durchsichtigen Plastikkugel schwimmen zwei kleine Enten, die sich beim Rollen bewegen. Für die Badewanne und Spieldecke gleichermaßen geeignet.	Brio
Coole Katze	Wenn die lustige kleine Figur gerollt wird, dreht sich der Kopf und der Körper hopst.	Brio
Klingelrassel	Ein lustiges Spielzeug zum Greifen, Rasseln und Rollen.	Brio
Entchenball	Schütteln, rollen oder schwimmen – diese Entchen sind immer obenauf.	Fisher-Price

4.7 Stehen und Gehen

Ein Kind richtet sich dann auf, wenn es in der Lage ist, sein eigenes Gewicht zu tragen. Das erste, was es dabei lernt, ist das Hochziehen zum Stand. Aus der knienden oder halbknienden Haltung heraus bringt das Kind ein Bein nach vorne, setzt den Fuß auf und zieht sich an den Händen hoch. Das Stehen ohne Anhalten und der erste freie Schritt sind schwierige Gleichgewichtsproben, die vieler Versuche bedürfen. Mit jedem Schritt übt es seine Körperbeherrschung, bis es balancesicher gehen kann.

Wie kann gefördert werden?

Entwicklungsalter: ab 13 Monate

- Als Vorübung für das spätere Stehen fassen Sie dem Kind unter die Achseln, während es seine Füße gegen den Boden stemmt. Dadurch wird es verlockt, fortlaufende Stoßbewegungen gegen die Unterlage auszuführen. So entstehen federnde Hüpfer in Art des Tänzelns. Sie können Ihr Baby auch auf dem Schoß tänzeln lassen.
- Ein Spielzeug bietet immer einen Anreiz zur Bewegungsförderung. Hängen Sie seitlich am Gitterbettchen ein begehrtes Spielzeug auf. Das Kind wird sich seitlich aufstützen und sich mit der anderen Hand am Gitter zum Sitz hochziehen.

- Legen Sie den Teddy auf einen Stuhl, so dass das Kind ihn nur erreichen kann, wenn es sich in den Kniestand hochzieht. Wird der Kniestand bewältigt, so wird es sich bald an den angebotenen Händen, Zeigefingern oder am Gitter in den Stand hochziehen. Man kann auch ein Lieblingsspielzeug sichtbar auf den Tisch legen und damit einen Anreiz zum Hochziehen in den Stand geben. Als Übergang zum freien Gehen kann das Kind einen Kinderwagen schieben. Oft reicht schon ein Stuhl mit Filzuntersetzern, den es auf glattem Boden beliebig herum schieben kann.
- Fasst man das Kind an beiden Händen, so kommt es zu den ersten Gehversuchen. Die Schritte sind allerdings noch zögernd, unsicher und breitbeinig. Lassen Sie das Kind zunächst ein oder zwei Schritte zwischen Vater und Mutter hin- und herlaufen; erweitern Sie dann allmählich die Entfernung. Winken Sie im Schrittabstand mit einem begehrten Gegenstand, und entfernen Sie sich langsam, um das Kind damit zu ersten Schritten zu verlocken.
- Kleine Kinder unterbrechen häufig ihr Laufen durch Krabbeln. Das entspricht der Naturnotwendigkeit und sollte nicht unterbunden werden. Hat es eine gewisse Gangsicherheit erreicht, so sollte das Kind auf verschiedenartigen Bodenflächen (Kissen, Decken, Matratzen, Teppich, Sand) barfuß laufen. Dadurch werden seine Gleichgewichtsreaktionen immer wieder neu herausgefordert. Auch das Überwinden einer leichten Steigung, das Übersteigen kleiner Hindernisse, das Gehen mit einem Gegenstand in der Hand, das Nachziehen von fahrbaren Spielzeugen, all das fördert und festigt die Sicherheit im Laufen.
  Gehrahmen bilden insofern eine unnatürliche Lernsituation, als das Kind nicht gezwungen ist, das Gleichgewicht gleichzeitig aufrechtzuerhalten. Der Gebrauch von Gehrahmen sollte nur nach Rücksprache mit dem Arzt bei bestimmten Entwicklungsverzögerungen angewandt werden.

Material:

Bezeichnung	Beschreibung	Hersteller
Lauflernwagen	Kippsicherer Wagen (rot und blau) zum Schieben. Stauraum für Spielzeuge und Spieldinge des Kindes. Größe 33 x 50 x 49 cm. Räder mit Vollgummireifen.	Haba
Lauflernwagen	Sicheres Modell mit einem Griff zum Anfassen und Schieben. In den Wagen können viele Dinge eingesammelt und transportiert werden. Größe 48 x 30 x 84 cm	Brio

Material: Bezeichnung	Beschreibung	Hersteller
Puppenwagen	Formschöner Puppenwagen aus Buchenholz mit stabilem Griff zum Schieben.	Haba
	Schiebe- und Ziehspielzeug	
Roller	Zwei Räder sind durch eine Holzstange zum Anfassen verbunden. Beim Vorwärts- und Rückwärtsschieben geben die bunten Holzperlen an den Rädern einen lautstarken Ton. Bringt das Kind durch Gehen den Roller erneut in Bewegung, erklingt wieder das Geräusch.	Selecta
Karussell	Je schneller das Kind schiebt, desto höher fliegen die Kugeln und drehen sich im Kreis.	Selecta
Drammo	Ein lustiger bunter Clown, den die Kinder gerne schieben.	Selecta
Bako	Auf bunten Rädern rollt die Raupe an der Schnur wie eine „Welle" hinter dem Kind her. Farbig gebeiztes, ansprechendes Spielzeug.	Selecta
Ente	Nachziehtier. Buche natur mit rotem Schnabel.	Haba
Dackel Dago	Körper aus Holzscheiben und nach hinten kleiner werdenden Kugeln. Eine recht bewegliche Figur in den Farben braun, rot, gelb lackiert.	Lorenz
Ziehwagen mit Schnur	Der Wagen ist ein Puppenbett mit karierten Kissen und einem Püppchen.	Meistergilde

4.8 Treppensteigen – Klettern

Hat das Kind Krabbeln und Laufen gelernt, erobert es sich nun neuen Lebensraum. Die Wege gehen in andere Zimmer oder in andere Stockwerke. Dabei müssen Treppen und andere Hindernisse bewältigt werden. Das Treppensteigen erfolgt zuerst mit Handfassung am Geländer im Nachstellschritt. Wesentlich schwieriger ist das Abwärtssteigen. Bei geringer Höhe der Treppenstufen und nicht allzu großer Steigung wird im Hinaufgehen bald der Wechselschritt versucht. Auch das anfänglich tastende Abwärtssteigen mit Handfassen und Nachstellschritt wird eines Tages ebenfalls durch den wechselnden Gebrauch der Beinchen, aber noch mit Handsicherung am Geländer, abgelöst. Schließlich gelingt das freie Treppensteigen auf- und abwärts fußabwechselnd flüssig und ohne große Mühe. Im Laufe der Entwicklung gewinnt das Kind auch die Fähigkeit, kleine Hindernisse oder Gräben zu übersteigen. Es beginnt, auf alle möglichen Sitzgelegenheiten hinaufzuklettern, bis es am Ende in der Lage ist, Leitern, Rutschen und Klettergeräte, wie sie auf dem Spielplatz vorhanden sind, sicher und gefahrlos zu bewältigen.

Wie kann gefördert werden?

Entwicklungsalter: ab 22 – 24 Monate

- Auf jeder kleinsten Höhe empfindet das Kind aber zunächst Unsicherheit. Deshalb zwingen Sie Ihr Kind nie zu Aufgaben, zu denen es noch nicht bereit ist. Beginnen Sie so einfach wie möglich. Lassen Sie das Auf- und Absteigen erst an einer einzigen niedrigen Stufe probieren. Kleine Kinder werden am ehesten mit der Treppe vertraut, wenn sie diese – Stufe für Stufe – zunächst einmal mit Krabbeln bezwingen (Abb. 45).

Abb. 45

- Geben Sie dem Kind – wenn nötig – beim aufrechten Treppensteigen durch Handanfassen Halt und fordern Sie es auf, mit der anderen Hand sich am Geländer zu sichern.
- Daneben sollen vielfältige Gelegenheiten zur Bewältigung anderer Steige- und Kletteraufgaben in der Wohnung zur Verfügung stehen. Couch, Sessel, Hocker, Stuhl und Bett bieten Möglichkeiten dazu. Später kann man auch Fußbank, Schemel, Kisten, Truhen, Stuhl und Tisch zu regelrechten „Kletterlandschaften" kombinieren.
- Es kann eine Leiter auf den Fußboden gelegt werden, über deren Sprossen das Kind steigt. Später legt man sie auf zwei Ziegelsteine, wobei das Kind nun schon eine kleine Höhe auf allen vieren oder sogar aufrecht überwinden muss.
- Übersteigen von Kissen oder Schaumstoffstücken, Steigen durch ein oder zwei senkrecht gehaltene große Reifen, Steigen in einen über den Boden waagerecht gehaltenen Reifen, Hinaufsteigen auf eine kleine Haushaltsleiter, Klettern an Klettergerüsten auf dem Spielplatz.

- Je mehr Gelegenheit Sie Ihrem Kind zum Steigen und Klettern geben, um so eher lernt es, seine körperliche Leistungsfähigkeit einzuschätzen (Abb. 46). Dadurch wird es vor gefährlichen Kletterausflügen bewahrt, die es am Ende nicht bewältigen kann. Mit jedem Hinaufklettern ist zwangsläufig auch das relativ schwierige Hinunterklettern verbunden. Helfen Sie Ihrem Kind, die Erfahrung zu machen: Ich kann nur da hinauf, wo ich auch selbst wieder herunterkomme.

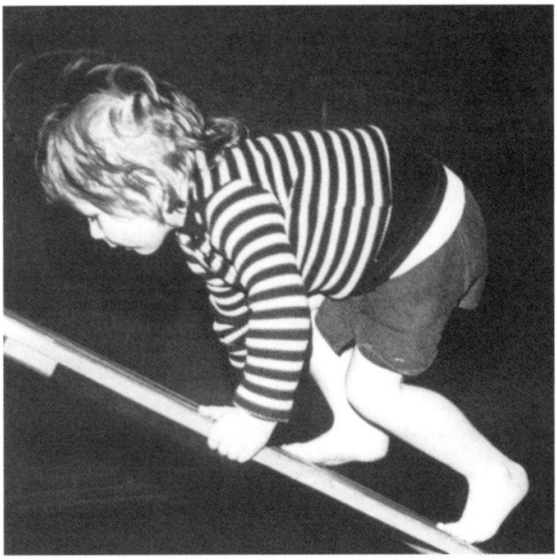

Abb. 46

Material: **Bezeichnung**	**Beschreibung**	**Hersteller**
Klettergeräte – Kletterwand – Kletterbaum	Verschiedene Klettergeräte auf dem Spielplatz ausprobieren.	
Leitern	Zum Hinauf- und Herabsteigen, zum Übersteigen hinlegen. Leiter erklettern, die zur Rutsche führen.	
Kissen und Schaumstoffstücke	Zum Übersteigen.	
Kisten und Bretter	Für Steig- und Balancierfläche, z.B. schiefe Ebene, Brücke, Treppe.	
Kletterturm	Dreiseitige Pyramide aus Sisalseil. In 4 Etagen je 3 Holzsprossen. Wird an einem Aufhängering befestigt.	Stilp
Strickleiter	5 Buchenholzsprossen, Breite 29 cm, verteilt auf 170 cm Länge. Aufhängung durch einen Metallring.	Stilp
Kletterkorb	Klettern in 4 Ebenen. Massivholzsprossen mit strapazierfähigem Sisalseil. Das Gerät eignet sich für unsichere Kletterer, da der Korb beim Besteigen von innen Halt bietet.	Eibe

4.9 Hüpfen und Springen

In der Entwicklung des Kindes folgen nach dem Steigen und Klettern ausdauernde Versuche des Hüpfens und Springens. Das Kind beginnt meist mit dem Herabspringen, weil hierbei die Absprungkraft nur in relativ geringem Maße erforderlich ist. Dabei hat es zunächst erhebliche Schwierigkeiten, sein Körpergewicht federnd in den Gelenken abzufangen. Deswegen werden zum Abfangen des Fallgewichts außer den Füßen auch die Hände benutzt. Diese Landestellung gibt dem Kind mehr Sicherheit, weil es sein Körpergleichgewicht stehend im Anfang einfach noch nicht beherrschen kann.

Hochspringen, Weitspringen und Überhüpfen erfordern schon erhebliche Beinkräfte, damit das Abheben des ganzen Körpers gelingt. Mit zunehmender Sprungkraft werden auch kleine Gräben oder Hindernisse aus dem Stand, später mit Anlauf im Schrittsprung, überwunden.

Einbeiniges Hüpfen wird sehr viel später ausprobiert, zunächst auf dem Lieblingsbein, aber dann auch auf dem anderen.

Wie kann gefördert werden?

Entwicklungsalter: ab 2 1/2 Jahre

- Bei den ersten Sprüngen ist es gut, dem Kind Handhilfe zu geben. In der Wohnung gibt es genügend Möglichkeiten, die das Kind für Sprung- und Hüpferfahrungen nutzen kann. Das Herabhüpfen wird meist zuerst von der untersten Treppenstufe gewagt. Bei Spaziergängen können Bordkanten oder niedrige Mauern als Absprung dienen.
- Es kann auch beidfüssig über eine am Boden liegende Schnur gehüpft werden. Ermuntern Sie Ihr Kind, auf ein Baumwolltuch, ein Schaumstoffstück oder auf eine Teppichfliese zu springen.
- Auch können Schluss- und Anlaufsprünge über eine bestimmte Weite (Markierung durch Seile, Stöcke) oder über eine bestimmte Höhe (Kissen, Schaumstoffstücke) ausgeführt werden. Um das Hochspringen zu üben, befestigen Sie etwas Verlockendes (ein Bonbon) etwas über der Greifhöhe des Kindes an einer Schnur. Es soll im Hochspringen mit der Hand berührt oder heruntergeholt werden können. In der Kirschenzeit können auch die untersten Kirschen am Baum auf diese Weise geangelt werden. Lassen Sie das Kind beidbeinig vorwärts hüpfen (Häschen-Hüpfen, Frosch-Hüpfen).
- Beidbeiniges Hüpfen kann auf einer federnden Unterlage geübt werden (Springbrett oder Kleinsttrampolin Abb. 47).

- Abwechselndes Vorwärtshüpfen von einem Bein auf das andere macht besonderen Spaß, wenn es nach Musik ausgeführt wird.

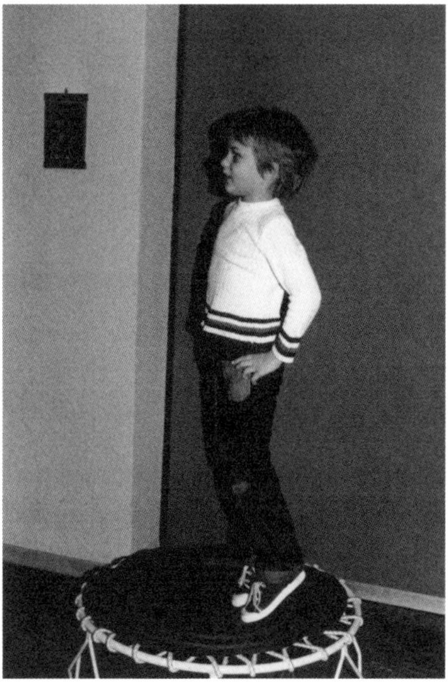

Abb. 47

Material: **Bezeichnung**	**Beschreibung**	**Hersteller**
Springseil	Mit verstärkter Mitte, Holzgriff, 2,50 m Länge	Käfer und Partner
Schaumstoff-Bausteine	Größe 40 x 20 x 10 cm, in den Farben rot, gelb, grün und blau. Diese Bausteine sind aus besonders leichtem und weichem Material, damit auch den Kleinsten der Umgang damit leicht fällt.	Schäfer
Schaumstoff-Bausteine	Größe 10 x 20 x 30 cm, als Sprunghindernisse zu nehmen. Können in Spezialgeschäften zurechtgeschnitten werden.	Baumarkt
Fit-Tramp	Ideal für Sprung- und Balanceübungen. Ø 100 cm, 125cm, 140 cm. Höhe 20 cm. Füße abschraubbar, dadurch Aufbewahrung auf kleinstem Raum.	Thieme
Känguru Spring- und Hüpfball	Aus Kunststoff mit Ventil zum Aufblasen.	Eibe
Hüpfball Piggy	Größe ca. 45 – 42 cm, Sitzhöhe ca. 40 cm. Eine lustige Hüpfballfigur mit 2 langen Stöpseln zum Anfassen.	Eibe
Hüpfsack	Im gemeinsamen Spiel macht Sackhüpfen besonders Spaß.	Eibe

4.10 Gleichgewichtskontrolle

Das Balancieren auf schmalen Stegen und auf Balken, auf einem wackligen Untergrund (Sportkreisel) bereitet jüngeren Kindern noch erhebliche Schwierigkeiten. Dagegen macht es ihnen Freude, auf Bordsteinen, niedrigen Mauern oder Baumstämmen das Gleichgewicht zu halten. Daraus wird deutlich, dass die Aufgaben dem jeweiligen Können des Kindes entsprechen müssen. Es ist gut, wenn es nach Erreichen eines Leistungszieles von selbst zu schwierigeren Aufgaben drängt.

Fahrzeuge und Geräte, mit denen man sich vorwärts bewegen kann, sind bei allen Kindern beliebt und üben eine große Faszination aus. Jedes Kind ist stolz, wenn es selbst einen Roller lenken oder sich auf einem „Pedalo“ fortbewegen kann.

Wie kann gefördert werden?

Entwicklungsalter: ab 5 Jahre

- Zunächst brauchen die Kinder noch relativ breite Balancierwege. Dabei soll – wenn notwendig – Handhilfe gegeben werden.
  Beispiele für diese Übungen:
  Gehen zwischen zwei Strichen, die mit Kreide auf den Boden gezeichnet oder mit Seilen markiert werden. Anfangs soll die Gasse ca. 30 cm breit sein, später den Abstand verringern.
  Gehen über eine Reihe von Gegenständen (Backsteine, Holzklötze, Pappstücke, Bierdeckel, Gymnastikkuppel).
  Gehen über eine Stuhlreihe, anfangs eng aneinander stehend, später die Abstände vergrößern (Lehnen festhalten).
  Auf Holmen oder über Sprossen einer auf dem Boden liegenden Leiter balancieren.
  Desgleichen über einen flachen Balken, über ein Brett, eine Holzlatte oder über einen runden Stamm balancieren.
  Gehen über eine schräg gestellte, breite Lauffläche, später auch über schmalere. Kleine Kunststücke darauf ausführen, z.B. rückwärts oder seitwärts gehen, Gegenstände tragen oder einen Ball vor sich herrollen, einen Tennisring oder ein Sandsäckchen auf dem Kopf tragen.
- Das Rollerfahren kommt dem immer stärker werdenden Bewegungsdrang des Kindes entgegen. Geben Sie so lange Hilfe, bis das Kind gelernt hat, sein Gleichgewicht im Einbeinstand auf dem fahrenden Roller zu halten.
- Gegenüber dem Rollerfahren ist das Rollschuhlaufen schon eine wesentlich schwierigere Fertigkeit und kann bewegungsfreudigen Kindern

ab 5 Jahren angeboten werden. Geben Sie auch hier beim Lernen nur so viel Hilfe, wie das Kind benötigt bzw. selbst wünscht.

- Das Balancieren auf den Laufdosen soll hinführen zum Laufen mit richtigen Stelzen.

Material: Bezeichnung	Beschreibung	Hersteller
Halbkugelstelzen	Aus Kunststoff Ø 15 cm.	Gonge
Laufdosen	Aus Kunststoff. Höhe 12 cm, mit Kordel, rot, blau, gelb.	Kuenen
Go-Go-Roller	2 Trittflächen sind durch eine S-förmige Stahlachse miteinander verbunden. Länge 30 cm, Rad Ø 16 cm.	Gonge
Stockstelzen	Aus Holz, ca. 120 cm lang, von ca. 28 – 64 cm Höhe verstellbar. Auch schon für Vorschulkinder geeignet.	Eibe
Rollschuhe	Verschiedene Angebote in Fachgeschäften.	
Doppel-Pedalo	Spielgerät, das durch Verlagerung von einem Bein auf das andere ins Rollen kommt. Das Kind steht auf Tretbrettern, die mit 6 Rädern verbunden sind.	Hoerz
Roller Fan Air	Mit Luftreifen, Stahlrohrrahmen, Fußbremse, Ständer.	Kettler
Ballon-Roller	Mit Luftreifen, Fußbremse und Ständer, Stahlrohr. Höhe 65 – 70 cm.	Puky
Kinderfahrrad	Verschiedene Ausführungen in Fachgeschäften.	
Balancier-Rollbrett	Für Balancierübungen im Stehen oder Sitzen, zum Vor-, Rück- oder Seitwärtsrollen. Größe 48 x 17,5 x 7 cm.	Erzi
Balancierschlange Elli	Ein dickes Hanfseil, Ø 4 cm und 2 m lang mit einem Schlangenkopf. Ein Spiel- und Spaßgerät zum Balancieren und Training für das Gleichgewicht.	Erzi

5. Förderung im Sozialbereich

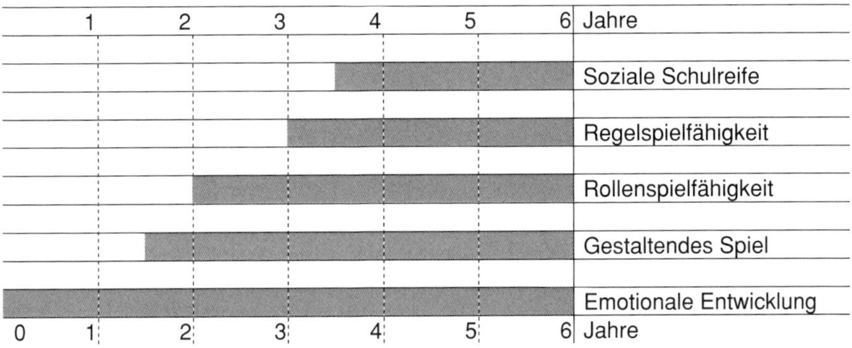

5.1 Emotionale Entwicklung

Spielzeuge zum Liebhaben sind die unentbehrlichen Freunde des Kleinkindes. Die emotionale Beziehung (gefühlsmäßige Bindung), die das Kind zu seiner Puppe oder seinem Teddybär aufnimmt, gleicht derjenigen, welche die Mutter oder andere Bezugspersonen dem Kind entgegengebracht haben. Das heißt, es gibt die gleiche Zärtlichkeit und Liebe, die es selbst erlebt, weiter (Abb. 48). Dabei lernt es, sich einem anderen anzuvertrauen und sich um ihn zu kümmern. In der Puppe oder dem Teddy hat das Kind jemanden, der immer bei ihm ist, ganz gleich, ob es ins Bett geht, einkaufen geht oder verreist. Es ist auch jemand, an dem es seinen Ärger auslassen kann und mit dem es jederzeit spielen kann. Spielzeuge zum Liebhaben sind für die gesamte Gefühlsentwicklung von großer Bedeutung.

Abb. 48

Wie kann gefördert werden?

Entwicklungsalter: ab 6 Monate

- Puppe, Teddy oder andere Stofftiere sollen sich weich, „kuschelig" und warm anfühlen und strapazierfähig sein. Damit sie überall mitgenommen werden können, sollten sie nicht zu groß sein. Häufig ist es auch ein Kuscheltuch.
  Puppen werden aus verschiedenen Materialien angeboten. Während für das Kind unter einem Jahr noch eine Stoffpuppe wegen der Griffigkeit am besten geeignet ist, können die älteren Kinder schon Zelluloidpuppen oder Puppen aus anderen Materialien haben.
  Kinder möchten ihre eigene Fantasie und ihr momentanes Empfinden auf die Puppe übertragen. Daher brauchen sie keine Puppen, die weinen, lachen, sprechen oder singen. Durch diese technischen Raffinessen wird das Kind in seinen Spielmöglichkeiten eingeengt. Jede auch noch so einfache Puppe vermag im Spiel des Kindes alle Tätigkeiten zu verrichten, auch ohne Mechanik.

Material: Bezeichnung	Beschreibung	Hersteller
	Puppen mit Stoffkörper	
Baby-Puppe	Kopf, Arme und Beine aus Kunststoff (PVC). Weich gestopft mit Polyesterwatte. Körper und Kleidung aus Baumwolle. Schlafaugen. Länge 30 cm.	Corolle
Schlenkerbaby	Kopf, Hände und Füße aus Kunststoff (PVC). Gesicht gemalt. Baumwollkörper weich gestopft mit Granulat. Die Kleidung ist aus Nicki und Frottee. Länge 35 cm.	Euro Mundia
Baby	Kopf und Körper Baumwolltrikot, Füllung besteht aus Schafwolle, weich gestopft. Die Kleidung ist aus Baumwollfrottee. Länge 35 cm.	Nanchen
	Puppen mit Kunststoffkörper	
Stehpuppe Annie	Voll beweglich, waschbar, Haare frisierbar, bruchsichere Kunststoffaugen. Länge 42 cm.	Götz
Stehpuppe Julia	Gelenke voll beweglich, waschbar, Haare frisierbar. Kunststoffaugen bruchsicher.	Götz

Material: Bezeichnung	Beschreibung	Hersteller
	Teddybären	
Toldi-Teddybär	Weich und kuschelig, Größe 35 cm	Steiff
Molly Schlenker-Teddybär	Größe 35 cm	Steiff
Petsy Teddybär	Gegliedert mit Druckstimme, Länge 28 cm	Steiff
Cosy Teddybär	Länge 26 cm	Steiff
	Schmusetiere	
Schlaflamm	Länge 28 cm	Steiff
Floppy Katze	Länge 22 cm	Steiff
Bamboo Schimpanse	Länge 35 cm	Steiff
Bessy Eichhörnchen	Länge 14 cm	Steiff
Peggy Pinguin	Länge 12 cm	Steiff
Scotty Husky	Länge 22 cm	Steiff

5.2 Gestaltungsfähigkeit

Schon ein dreijähriges Kind braucht nicht nur Materialien, mit denen es spielen kann, sondern auch solche, aus denen es etwas Neues schaffen oder gestalten kann. Die ersten Spiele dieser Art geschehen im Sandkasten. Aus Sand wird Kuchen gebacken oder Sand und Wasser zu „Matsche“ vermischt. Wenn das Kind in den Kindergarten kommt, entstehen Arbeiten aus Knetmaterialien, aus Papier, Farbe und Klebstoff oder aus Baumrinde, Eicheln und Kastanien.

Auch aus dem einfachen Bauen mit Bauklötzen wird mehr gestaltendes Spiel.

Die ersten handwerklichen Betätigungen, der Umgang mit Werkzeugen wird um das 5. Lebensjahr mehr und mehr konstruktiv eingesetzt. Im Vorschulalter ist der praktische Gebrauch des Gestalteten für das Kind nicht so sehr von Bedeutung. Es freut sich über alles, was es geschaffen hat, und zeigt es stolz, da es gelobt werden möchte.

Loben Sie es, auch wenn Sie es noch nicht als perfekt gelungen betrachten. Für das Kind ist es eine große Leistung!

So wachsen die Freude an etwas Geschaffenem und damit das Selbstbewusstsein. Beides ist eine wichtige Voraussetzung für das spätere Leben.

Wie kann gefördert werden?

Entwicklungsalter: ab 18 Monate

- Der Umgang mit Wasser und Sand gehört zu den wichtigsten Beschäftigungen im Kleinkindalter. Versuchen Sie, im Garten oder auch auf dem Balkon eine Sandspielecke zu schaffen. Für die Sandkiste auf dem Balkon gibt es in Kaufhäusern Plastikbecken in der Größe 80 x 80 cm. Verschiedene Sandformen, Eimer, Schaufel, Siebe und eine Gießkanne, mehr braucht das kleine Kind nicht für sein Spiel im Sand. Im Vorschulalter werden dann schon Bagger, Lastautos oder Baukräne in das Sandspiel einbezogen.
  In der Beschaffenheit dem Spiel mit Sand sehr ähnlich ist die Arbeit mit Knetmaterial. Gerade kleine Kinder, die etwa ab dem 4. Lebensjahr mit ersten Modellierversuchen beginnen, brauchen weiches Knetmaterial. Mit der Knetmasse können dann Bälle, Kugeln oder Schlangen gerollt werden. Es können Formen ausgestochen werden, Tiere oder kleine Gefäße modelliert werden, je nach Alter und Fähigkeit des Kindes.

- Malen mit Buntstiften, Wachsmalstiften, Wasserfarben oder Fingerfarben sind beliebt und fördern schöpferische Fähigkeiten (Abb. 49). Die entstandenen Bilder können zunächst an der Wand aufgehängt werden. In einer Mappe gesammelt zeigen sie Ihnen die Malentwicklung Ihres Kindes (Alter in Monaten auf die Rückseite schreiben).
  Papierarbeiten, z.B. Reißen, Schneiden, Falten, Kleben, Flechten mit Flechtblättern entfalten und fördern die Kreativität Ihres Kindes. Für das Arbeiten mit wertlosem Material eignen sich alle möglichen Kästchen, Papprollen, Eisstiele, Styroporteile, Dosen usw. Was kann daraus nicht alles entstehen: Häuser, Bäume, Spardosen, Tiere. Fordern Sie die Fantasie Ihres Kindes heraus! Es gibt auch Spiel- und Bastelhölzer zu kaufen, aus denen mit Klebstoff und Farbe in unendlicher Vielfalt alle möglichen Bauwerke geschaffen werden können.

Abb. 49

Material: Bezeichnung	Beschreibung	Hersteller
	Sandspielzeug	
Gießkanne Sandeimer Sieb Schaufel Spaten Schubkarre	Aus Metall in verschiedenen Farben.	Brio
Sandeimer mit Zubehör	Sandspielzeug aus Kunststoff. Den Eimer gibt es in verschiedenen Farben. Sandsieb, Sand- und Wasserrad zum Aufsetzen, Sandschaufel.	Brio
	Wasserstraße	
Waterway		
– Kiel – Elbe – Panama	Kanäle, Häfen, Boote, Schleuse und anderes Zubehör aus Kunststoff in verschiedenen Größen.	Brio
Wasserspaß mit Pumpe	Herrlicher Wasserspaß in 43 Teilen mit Wasserpumpe, drei kleinen Delfinen und vieles mehr.	Brio
	Für Papierarbeiten	
Buntpapiere Faltpapiere Flechtblätter und Flechtnadel Transparentpapiere Malpapiere Buntstifte Wasserfarben	Erhältlich in Bastelgeschäften.	
	Knetmaterial	
Kinderknete	Mit Lebensmittelfarbstoff. Verschiedene Packungsgrößen und Farben.	Eberhard Faber
Nakiplast	Weichbleibende Knetmasse in Rollen.	Pelikan
Knetwachs	In 15 Farben. Tafeln in verschiedenen Packungen.	Stockmar

5.3 Rollenspielfähigkeit

Im Rollenspiel ahmt das Kind seine Umwelt nach (Abb. 50). Es übt im Spiel Fähigkeiten, die es später braucht. Wenn das Kind etwa 2 oder 3 Jahre alt ist, beginnt es Vater oder Mutter zu spielen. Dazu benötigt es nicht unbedingt Figuren oder Puppen, sondern irgendwelche Gegenstände. So kann auch ein Bauklotz z.B. Vater oder Mutter sein. In dieses Spiel bezieht das Kind sich selbst ein und schlüpft in eine Rolle.

Etwa um das 4. Lebensjahr wandelt sich das Rollenspiel, indem das Kind sich jetzt nicht mehr direkt beteiligt, sondern Spielfiguren dirigiert. Dieses ist die rechte Zeit zum Spielen mit Kasperpuppen. Meistens liegt dabei die Sympathie des Kindes bei einer Figur, mit der es sich identifiziert, und zugunsten dieser Puppe verläuft das Spiel.

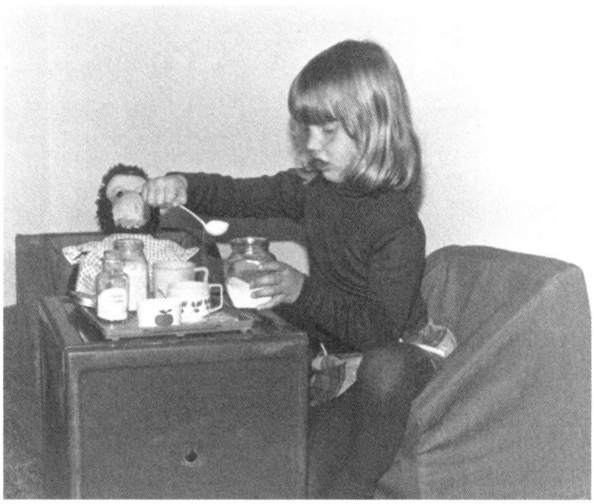

Abb. 50

Zur Ausstattung werden Sachen genommen, die sich gerade finden lassen. Aus Decken und Stühlen werden Höhlen oder Häuser gebaut; Kleider, Jacken, Hüte und Handtaschen oder auch Tücher, Krepppapiere, Kartons dienen zur Verkleidung. Helfen Sie Ihrem Kind, sich die nötige Ausrüstung zu beschaffen.

Nach dem 5. Lebensjahr ist es für Kinder eine große Freude, wenn sie für ihre Lieblingsrolle die entsprechende Rollenspielgarnitur mit allem Zubehör bekommen, z.B. als Bahnschaffner, Polizist, Cowboy oder Indianer, Arzt, Krankenschwester, Postbote, Kaufmann.

Nach dem 5. Lebensjahr vollzieht das Kind den Übergang vom magischen Spiel zum wirklichkeitsgetreuen Spiel und übernimmt nun soziale Rollen. Es spielt Krankenschwester, Polizist, Arzt usw. Die eigenen Beobachtungen der Umwelt befähigen es, diese Personen in ihren typischen Verhaltensweisen nachzuspielen. So wachsen die Kinder, ohne dass sie es merken, in die Welt der Erwachsenen hinein. In allen Rollenspielen können Kinder auch ihre Konflikte abreagieren. Ein ängstliches Kind kann z.B. im

Spiel andere besiegen. Insofern bietet das Rollenspiel einen notwendigen Ausgleich für das, was einem Kind vielleicht im realen Leben versagt bleibt.

Wie kann gefördert werden?

Entwicklungsalter: ab 2 Jahre

- Das Rollenspiel entwickelt sich, wie schon erwähnt, aus der Beobachtung der Umwelt. Spielideen entspringen dem momentanen Bedürfnis des Kindes. Manchmal braucht es dazu jemanden, der zuschaut oder mitspielt und dabei eine Rolle übernimmt.
  Themen für Rollenspiele können sein:
  Haushalt (Essen, Kochen, Waschen, Putzen)
  Familie, Besuch von Verwandten
  Arzt, Krankenhaus
  Kaufladen
  Reisen mit Bahn, Auto oder Bus
  Polizei, Feuerwehr
  Feste feien (Hochzeit, Geburtstag)
  Handlungen von Märchen.

Material: **Bezeichnung**	**Beschreibung**	**Hersteller**
Hauswirtschaftliches Spielzeug	Geschirr, Koch- und Backgeräte, Besen, Handfeger, Staubsauer, Eimer, Wischlappen.	verschiedene Hersteller
Kaufladenspielzeug	Verkaufsstand, Verkaufssortimente (Schachteln, Dosen, Flaschen), Registrierkasse, Spielmünzen, Schnellwaage, Spitztüten, Flachtüten, Tragetaschen, Quittungsblock, Stempel.	verschiedene Hersteller
Puppenspielzeug	Puppenstube mit Möbeln, Puppenhaus mit Möbeln, Puppenwagen, Puppentragetasche, Puppenkleider, Puppenwiege.	Nic Selecta
Handspielpuppen	Räuber, Kasper, Gretl, Prinzessin, Seppl, Clown, Polizist, Hexe, Großmutter, Zauberer, Krokodil.	verschiedene Hersteller
Tierhandpuppen	Dachshund, Löwe, Elefant, Maus, Krokodil, Frosch, Zebra, Giraffe.	Folkmanis
Rollenspielkleidung	Schaffnergarnitur, Polizeigarnitur, Schaffnerausrüstung, Frisierkoffer, Kinderpost, Schwesternkoffer.	verschiedene Hersteller

Material: Bezeichnung	Beschreibung	Hersteller
Playmobil-Sets	Bauernhof, Müllabfuhr, Supermarkt, Polizei, Feuerwehr, Baustelle.	Playmobil
Fingerpuppen	Originelle Käthe-Kruse-Fingerpuppen für phantasievolles Puppenspiel: Kasperle, Gretel, Seppl, Großmutter, Prinzessin, König, Hexe, Räuber, Polizist. Größe ca. 12 cm	Kruse
Fingerpuppen Tierwelt	Verschiedene Tiere aus Plüsch. Größe 8 cm.	Kruse

5.4 Regelspielfähigkeit

Jeder Einzelne ist im Leben auf die Gemeinschaft angewiesen und die Gemeinschaft auf den einzelnen. Die erste Gemeinschaft, in der ein Kind Erfahrungen macht, ist die Familie. Von Anfang an nimmt es Einfluss auf das Zusammenleben in seiner Familie dadurch, dass es Bedürfnisse anmeldet, Zufriedenheit zeigt und Freude bringt. In der gemeinsamen Atmosphäre der gegenseitigen Annahme entsteht die Fähigkeit zur unmittelbaren menschlichen Beziehung.

Etwa ab dem 4. Lebensjahr, wenn das Kind in den Kindergarten kommt, verlässt es das vertraute Umfeld der Familie und kommt in eine neue soziale Umgebung. Es ist nun mit anderen Kindern und Erwachsenen zusammen und muss sich hier zurechtfinden. Viele neue Verhaltensweisen müssen eingeübt werden. Als Einübungsfeld kann auch hier das Spiel helfen. Besonders die so genannten Regelspiele bieten viele Lernsituationen. Das Kind erwirbt in einer seinem Alter angepassten Weise in kleinen Lernschritten Grundkenntnisse, die für die weitere Entwicklung notwendig sind. Das sind u. a.:

1. aufmerksames Zuhören, wenn ein Spiel erklärt wird,
2. Spielregeln verstehen, anerkennen und befolgen,
3. abwarten, bis es an der Reihe ist,
4. nur einmal spielen, wenn man dran ist,
5. gewinnen und verlieren können,
6. das Ende eines Spieles respektieren können,
7. eigene Spielwünsche mit denen der anderen abstimmen,
8. das Spielmaterial sorgfältig aufräumen und weglegen.

Die Familie ist das soziale Einübungsfeld des Kindes. Was es hier gelernt hat, kann es anwenden und erweitern in der Gruppe außerhalb der Familie.

Wie kann gefördert werden?

Entwicklungsalter: ab 3 Jahre

- Beginnen Sie mit einem Spiel in der Zweiersituation. Die bekannten Singspiele „Ri-ra-rutsch“ oder „Brüderchen komm tanz mit mir“ sind als erste Spiele dieser Art geeignet. Die Spielregel ergibt sich aus dem Text und der begleitenden Bewegung.
- Sobald das Kind fähig ist, mit mehreren gleichaltrigen Kindern zu spielen, bereiten einfache Kreisspiele viel Freude.
  „Es tanzt ein Bi-Ba-Butzemann“
  „Häschen in der Grube“
  „Ringel-Ringel-Reihe“
  „Zeigt her eure Füße“.
  Diese Spiele verlangen die Beachtung einer Spielordnung, sie haben einen einfachen Text und können leicht gelernt werden. Es wird aber nötig sein, dass ein Erwachsener das Spiel lenkt, der sich später nach und nach zurückziehen kann.
- Ab dem 4. Lebensjahr können erste Brettspiele versucht werden. Dabei ist wichtig, dass die Regeln leicht überschaubar sind. Das Spielmaterial muss sich für kleine Hände gut greifen und anfassen lassen, das Spielbrett ansprechend aussehen und eine Spielrunde kurz sein. Bestimmt in einem Brettspiel das Vorwärtsgehen einer Spielfigur eine gewürfelte Zahl, so sollten die Würfel im bekannten Zahlenraum des Kindes angefertigt oder die noch unbekannten größeren Zahlen (z.B. ab 4) zugeklebt werden.
- Bei Gesellschaftsspielen ohne Material gibt es meist einen Spielführer, der das Spiel beginnt. Dieser – meist ein Erwachsener oder ein älteres Kind – leitet das Spiel ein und erklärt den Ablauf. So wird bei dem Spiel „Kofferpacken“ ein Kind aus dem Zimmer geschickt, damit es nicht hört, für wen der Koffer gepackt wird. Nachdem es hereingerufen ist, fragt es nacheinander jeden einzelnen: „Was packst du in den Koffer?“ Der Gefragte muss einen Gegenstand nennen, der zu dem gehört, für den der Koffer gepackt wird. Anhand der Aufzählungen soll der Ratende herausfinden, für wen der Koffer gepackt wird.

Viele Spiele, mit denen das Kind Farben- Formen-, Mengenerfassung oder Bildzuordnung gelernt hat, sind auch als Gruppen- oder Regelspiel geeignet.

Material: Bezeichnung	Beschreibung	Hersteller
4 erste Spiele	Sammlung von 4 Farbwürfelspielen. Farbenfrohe, ausdrucksstarke Spielpläne, einfache Regeln, kurze Spieldauer.	Ravensburger
Hopp Galopp	Ein gut überschaubares Würfelspiel. 4 Holzpferdchen müssen über Hindernisse springen. Ein Wettrennen für 2 – 4 Kinder.	Haba
Hasch mich	Farbige Mäuse müssen durch schnelles Wegziehen vor der Katze in Sicherheit gebracht werden, wenn die eigene Farbe oder Zahl gewürfelt wird.	Haba
Schnapp die Wurst	Ein lustiges Würfelspiel für 2 – 4 Kinder. Ziel des Spiels ist es, viele leckere Würste zu sammeln. Mit einem dreidimensionalen Spielplan, Hunden, Würstchen und vielem mehr ist das Spiel auch schon für jüngere Kinder ab 4 Jahre geeignet.	Haba
Meine 6 ersten Spiele	Eine interessante Spielesammlung für die Jüngsten mit 6 abwechslungsreichen Farbwürfel- und Geschicklichkeitsspielen. Die Spielpläne sind übersichtlich gestaltet mit schönem Spielmaterial aus Holz und einfachen Regeln.	Schmidt
Mensch ärgere dich nicht	Ein Würfelspiel. Vorrücken und Zurückwerfen des Gegners.	Schmidt
Halli-Galli	Ein Reaktionsspiel. Reihum deckt jeder Spieler so schnell wie möglich eine Karte seines Kartenstapels auf. Sobald 5 gleiche Früchte auf der Karte sind, versucht jeder Spieler als Erster zu klingeln. Nur der Schnellste bekommt die Karte.	Amigo
Flinke Flitzer	Ein Farbwürfelspiel. Mit etwas Würfelglück müssen die Kinder 6 verschieden farbige Autos von der Kreuzung auf den eigenen Parkplatz fahren.	Haba
Kofferpacken	Die Kinder nehmen die Karten aus dem Kasten, zeigen sie, benennen den Gegenstand und legen die Karte verdeckt auf den Tisch. Beim Einpacken des Koffers gilt es, den Gegenstand zu nennen und aus der verdeckten Reihe wieder zu finden.	Haba
Der Maulwurf und sein Lieblingsspiel	Ein Würfelspiel. Der Maulwurf in seinem Auto, der Igel auf dem Motorrad, die Maus auf dem Fahrrad und der Hase auf Rollschuhen. Mit Würfelglück geht's ringsherum. Wer ist Sieger?	Ravensburger
	Kartenspiele	
Regenbogenschlange	Auf 50 Karten sind die verschiedenen Schlangenteile in verschiedenen Farben abgebildet. Die Karten werden verteilt. Ziel ist es nun, die Farben zu ordnen und dabei möglichst eine lange Regenbogenschlange zu bilden.	Amigo

Material: Bezeichnung	Beschreibung	Hersteller
Schwarzer Peter	Der Klassiker der Kinderkartenspiele.	Schmidt

5.5 Soziale Schulreife

Im Alter von 3 bis 4 Jahren hat das Kind eine gewisse Selbständigkeit erreicht. Es kann alleine in die weitere Nachbarschaft gehen und gliedert sich in eine Gruppe, z.B. die des Kindergartens ein. Dabei übernimmt es Forderungen, die sich aus der Gemeinschaft mit anderen Kindern ergeben. Es führt kleine Ämter oder Aufgaben aus und lernt, sich Spielregeln unterzuordnen. Auch fängt es an, seine eigene Leistung mit der anderer Kinder zu vergleichen und freut sich über das von ihm Erreichte.

Im Alter von 5 bis 6 Jahren nimmt das Interesse für das soziale Umfeld außerhalb der Familie zu. Das Spiel mit anderen Kindern steht im Vordergrund. Es ergeben sich erste kleine Freundschaften, oft aber auch Auseinandersetzungen mit den Spielkameraden.

So lernt das Kind, Probleme und Konflikte zu bewältigen, andere Kinder anzunehmen, ihnen in Schwierigkeiten zu helfen oder sich am gemeinsamen Spiel zu erfreuen. Diese Erfahrungen sind für das Lernen in der Schule bedeutsam. Ein Kind erfährt soziale Verhaltensweisen zunächst spielerisch in der Gruppe. Prüfstein für die Schule ist also neben der körperlichen und intellektuellen wesentlich die soziale Schulreife.

Wie kann gefördert werden?

Entwicklungsalter: ab 3 $^1/_2$ Jahre

- Der Kindergarten stellt eine notwendige Ergänzung zur Familienerziehung dar. Es wäre zu wünschen, dass jedem Kind der Besuch eines Kindergartens ermöglicht würde. Wir beobachten, wie stolz die Kleinen in ihre „Schule“ gehen und von dort erzählen. Mit der Orientierung des Kindes nach außen bleibt die Familie dennoch der Mittelpunkt der Lebensbezüge. Alles Erlebte teilt es mit. Es benötigt Vater oder Mutter, die zuhören und seine noch so kleinen Sorgen, Nöte und Freuden ernst nehmen.
  Soll ein Kind belastungsfähig werden, muss es sich Problemen stellen können und sie zu lösen versuchen. Diese Fähigkeit ist eine Lebensnotwendigkeit und Sie als Eltern können dem Kind helfen, dieses rechtzeitig zu lernen.
  Konflikte und Probleme ergeben sich vielfältig. Zum Beispiel kann ein Kind noch nicht die Spielsachen mit einem anderen Kind teilen. Neh-

men Sie sich Zeit, Probleme dann zu besprechen, wenn sie sich Ihrem Kind in den Weg stellen. Das ist nicht immer leicht, da Probleme oft unerwartet und in ungünstigen Augenblicken auftreten. Dennoch sollten Sie Ihr Kind nicht wegschicken und auf „später" vertrösten.

Wie können Sie vorgehen? Oftmals werden Sie erst herausfinden müssen, um welches Problem es sich handelt. Sie hören zu und lassen sich berichten. Das echte Problem zu erkennen ist eine Fähigkeit, die Kinder nicht ohne Hilfe erwerben können.
Der nächste Schritt ist, gemeinsam zu überlegen: Was können wir tun? Sie überlegen und suchen zusammen eine Lösung. Damit helfen Sie Ihrem Kind, die Schwierigkeiten in den Griff zu bekommen. Um Konfliktsituationen spielerisch zu erlernen und Lernerfahrungen zu machen, können auch Spiele helfen.
Kinder, die auf diese Weise von ihren Eltern zum Gespräch, selbständigem Denken und Entscheiden ermutigt werden, haben Selbstbewusstsein, zeigen Bereitschaft zur Zusammenarbeit, Konfliktlösung und Steuerung ihrer Gefühle.

Material: Bezeichnung	**Beschreibung**	**Hersteller**
	Kooperationsspiele	
Bauer Klaus und die Maus	Die Kinder helfen dem Bauern Klaus, die Getreidesorten einzusammeln, bevor die Mäuse kommen und alles auffressen.	Haba
Doktor Igel	Ein Igel versorgt die kranke Haselmaus und das kranke Rotkehlchen mit Früchten. Der Igel hat die kostbaren Leckereien für seine Freunde auf seinem Stachelrücken. Die Kinder passen auf, dass nichts herunterfällt auf dem Weg zu den Igelfreunden. Ein kooperatives Spiel für 2 – 5 hilfreiche Kinder, bei dem aber trotzdem ein Kind gewinnen kann.	Haba
Obstgarten	Die Kinder versuchen gemeinsam das Obst zu ernten (Birnen, Pflaumen, Kirschen, Äpfel), bevor ein Rabe kommt und es auffrisst.	Haba
Frühling, Sommer, Herbst und Winter	In 4 einfachen Spielen erleben die Kinder spielerisch den Verlauf der Jahreszeiten. Alle 4 Spiele sind auch einzeln zu spielen.	Haba

Material: Bezeichnung	Beschreibung	Hersteller
Bauer Schnell! Es wird schon hell.	Die Arbeit auf dem Bauernhof beginnt schon früh am Tage. Wer hilft dem Bauern, das Futter aufzuladen und zu den richtigen Tieren zu bringen?	Haba
	Bildmaterial	
Gefühle-Quartett	Ein Kartenspiel, das die Gefühle der Kinder aufzeigt. Das Spiel bietet Möglichkeit, die Gefühle zu spielen, eine kleine Geschichte zu erzählen oder pantomimisch darzustellen.	Donna Vita
Gefühle	Positive und negative Gefühle wie Freude, Überraschung, Wut, Trauer, Angst sind durch Fotokarten dargestellt. Größe DIN A5	Speechmark
Sentimage – Gefühle zeigen und darüber sprechen	Kurze Handlungsabläufe zeigen alltägliche Ereignisse, die beim Betrachten Gefühle auslösen. Beispiele: Freude über den gelungenen Wettkampf, Trauer über den entflogenen Wellensittich, Neid auf die Gewinnerin des Haupttreffers und viele weitere Empfindungen. Inhalt: 32 Geschichten mit je 3 – 7 Bildern.	Schubi
	Bücher	
Sybille Terrahe / Christiane Paulsen / Silvio Neuendorf Du und ich, wir schaffen das	Nicht nur die Kleinen, auch die Großen kennen die Angst vor dem Unbekannten. Sokrates, der älteste und klügste Affe im Dorf, weiß: Mutig sein hilft! Die beiden Freunde Toni und Billy erfahren, wie schön es ist, Neues zu entdecken und sich etwas zuzutrauen. Sie lernen auch, wie sie sich helfen können, wenn sie nicht mehr weiter wissen.	Coppenrath
Edith Schreiber-Wicke Carola Holland Der Rabe, der anders war	Ein bunter Rabe saß auf seinem Ast und bemerkte, dass die schwarzen Raben neben ihm ein Stück wegrückten. Er flog weg und bemerkte in der Stadt, dass auch die Stadttauben, Möwen und Spatzen nichts von ihm wissen wollten. Eine Geschichte über das Anders-Sein.	Thienemann
Marcus Pfister Der Regenbogenfisch	Der Regenbogenfisch ist mit seinem schimmernden Schuppenkleid der allerschönste Fisch im ganzen Ozean. Da er aber auch stolz und eitel ist, wird er immer einsamer. Er merkt, dass man Freunde nicht durch Schönheit gewinnen kann.	Nord-Süd
David Mckee Du hast angefangen! Nein du!	Ein blauer Kerl lebte an der Westseite des Berges. An der Ostseite, wo die Sonne aufgeht lebte ein roter Kerl. Manchmal redeten sie durch ein Loch miteinander. Doch eines Abends stritten sie miteinander und sahen sich dann zum ersten Mal.	Sauerländer

Material: Bezeichnung	Beschreibung	Hersteller
Christine Nöstlinger Anna und die Wut	Anna wurde immer so schnell wütend. Was tun gegen so eine richtig große Wut? Papa meint: „Aus dem Weg gehen!“, Mama meint: „Hinunterschlucken!“ Ein Buch, das mit Humor emotionale Probleme der Kinder aufarbeitet.	Jugend und Volk
Brigitte Wenninger / Eve Tharlet Pauli – Streit mit Edi	Pauli und Edi haben sich im Spiel zerstritten. Als sie allein sind, merken sie jedoch, wie sehr sie einander brauchen. Eine humorvolle Geschichte um Streit und Versöhnung.	Neugebauer
Rosemarie Portmann Spiele zum Umgang mit Aggressionen	Die Autorin stellt in diesem Buch mehr als 150 Interaktionsspiele und Übungen vor. Es handelt sich um Modellsituationen, in denen aggressive Gefühle entstehen. Wie sie kontrolliert werden und wie eine friedliche Konfliktlösung entsteht, dazu gibt das Buch viele Anregungen.	Don Bosco
Gabriele Kernke / Jana Frey Nur Mut!	Zehn Geschichten über mutige Kinder. Ob beim Arzt, beim ersten Einkaufen alleine oder auch beim Ehrlichsein, oft gehört Mut dazu.	Ravensburger
Anneliese Schwarz Das hast du toll gemacht!	Kleine Geschichten, die Kinder selbstbewusst machen. Kindergartenkinder brauchen ein Lob und freuen sich, wenn sie gelobt werden.	Loewe
Katja Reider Vertragen wir uns wieder?	Versöhnungsgeschichten, die Kindern helfen, einen Streit zu beenden. Beim gemeinsamen Zuhören fällt die Frage dann leicht „Vertragen wir uns wieder?“	Loewe

Herstellerverzeichnis der Materialaufstellung

Name	Adresse	Tel. / Fax
Ahrens Holzspielzeug GmbH	Carl-Miele-Str. 14 33330 Gütersloh	Tel: 05241 / 15904 Fax: 05241 / 13382
Ambi-Toys Vertrieb Brio GmbH	Postfach 640007 90230 Nürnberg	Tel: 09122 / 9897-0 Fax: 09122 / 9897-40
Amigo Spiel + Freizeit GmbH	Waldstr. 23 – 25 63128 Dietzenbach	Tel: 06074 / 3755-0 Fax: 06074 / 3755-66
Arena	Rottendorfer Str. 16 97074 Würzburg	Tel: 0931 / 79644-0 Fax: 0931 / 79644-13
Bebina Patricia Lauer	Postfach 1211 26002 Oldenburg	Tel: 0441 / 4085870 Fax: 0441 / 4085872
Beck, Christof Spielwaren GmbH	Postfach 24 72584 Hülben	Tel: 07125 / 5131 + 5733 Fax: 07125 / 6470
Beltz & Gelberg Verlag	Werder Str. 10 69469 Weinheim	Tel: 06201 / 60070 Fax: 06201 / 6007310
Boing Klangkörper	Ludwig-Rinn-Str. 14 – 16 35452 Heuchelheim	Tel: 0641 / 65457 Fax: 0641 / 65487
BRIO GmbH	Postfach 640007 90230 Nürnberg	Tel: 09122 / 9897-0 Fax: 09122 / 9897-40
Bruder Spielwaren GmbH & Co, KG	Postfach 190164 90730 Fürth	Tel: 0911 / 75209-0 Fax: 0911 / 75209-10
Brunnen Verlag	Gottlieb-Daimler-Str. 22 35398 Gießen	Tel: 0641 / 60590 Fax: 0641 / 6059-100
Ed. Bücherbär im Arena Verlag GmbH	Rottendorfer Str. 16 97074 Würzburg	Tel: 0931 / 79644-0 Fax: 0931 / 79644-13
Chicco Babyausstattung GmbH	Borsigstr. 1 - 3 63126 Dietzenbach	Tel: 06074 / 495-0 Fax: 06074 / 495-200
Coppenrath	Hafenweg 30 48155 Münster	Tel: 0521 / 41411-0 Fax: 0521 / 41411-20

Name	Adresse	Tel. / Fax
Corolle S.A:	B.P. 33 F-37130 Langeais	Tel: 0033-2/4796 1800 Fax: 0033-2/4796 6846
Decor-Spielzeug Eberhard Schmidt	Heckerstr. 30 34121 Kassel	Tel: 0561 / 22466 Fax: 0561 / 23640
Deutsche Grammophon GmbH	Alte Rabenstr. 2 20148 Hamburg	e-mail: www- deutschegrammophon-de @www-deutsche grammophon.com.-de
Didymos Erika Hoffmann	Aleenstr. 8 71638 Ludwigsburg	Tel: 07141 / 921024 Fax: 07141 / 921026
Don Bosco	Sieboldstr. 11 81669 München	Tel: 089 / 48008-300 Fax: 089 / 48008-309
Donna Vita	Sundermannstr. 5 50670 Köln	Tel: 0180 / 3666284 Fax: 0180 / 3655626
Dusyma GmbH	Postfach 1260 73602 Schorndorf	Tel: 07181 / 60030 Fax: 07181 / 600341
Duden / Brockhaus / Meyer Bibliographisches Institut & F. A. Brockhaus AG	Dudenstr. 6 68167 Mannheim	Tel: 0621 / 3901-01 Fax: 0621 / 3901-391
Educo International Inc.	123 Cree Road Sherwood Park, AB T 8 A 3X9 Canada	Tel: (780) 467-9772 Fax: (780) 467-4014
Eibe	Industriestr. 1 97285 Röttingen	Tel: 09338 / 89-0 Fax: 09338 / 89-199
emwe Rathgeber GmbH	Postfach 60 34353 Staufenberg	Tel: 05543 / 9406-0 Fax: 05543 / 2877
Erzi GmbH	Lengefelder Str. 14 09579 Grünhainichen	Tel: 037294 / 920-0 Fax: 037294 / 920-49
Faber-Castell AG	Nürnberger Str. 2 90546 Stein	Tel: 0911 / 9965-0 Fax: 0911 / 9965-760

Name	Adresse	Tel. / Fax
Faber Eberhard GmbH	Postfach 1220 92302 Neumarkt	Tel: 09181 / 430-0 Fax: 09181 / 430-221
Ferbedo Kinderfahrzeuge	Siemensstr. 35 90766 Fürth	Tel: 0911 /97340-0 Fax: 0911 / 97340-11
Finken Verlag	Postfach 1546 61405 Oberursel	Tel: 06171 / 6388-0 Fax: 06171 / 6388-22
Fisher-Price / Matell GmbH	An der Trift 75 63303 Dreieich	Tel: 06103891-0 Fax: 06103891-300
fischerwerke Artur Fischer GmbH & Co. KG	Postfach 1152 72178 Waldachtal	Tel: 07443 / 124369 Fax: 07443 / 124591
Fleurus Verlag GmbH	Machabäerstr. 56 50668 Köln	Tel: 0221 / 13056868 Fax: 0221 / 13056889
Folkmanis-Handpuppen Jochen Heil	Am Hang 11C 97234 Reichenberg	Tel: 0931 / 660610 Fax: 0931 / 66061-11
Gerstenberg	Postfach 100555 31105 Hildesheim	Tel: 05121 / 106-0 Fax: 05121 / 106-498
Götz Puppenfabrik GmbH	Einberger Str. 113 96472 Rödental	Tel: 09563 / 909-0 Fax: 09563 / 4441
Gonge Creative Learning ApS	Engdalsvej 96B DK-8220 Brabrand	Tel: 0045 – 86262121 Fax: 0045 – 86262304
Haba Habermaaß GmbH	Postfach 1107 96473 Bad Rodach	Tel: 09564 / 929-100 Fax: 09564 / 3513
Hagemann & Partner Bildungsmedien Verlagsgesellschaft mbH	Karlstr. 20 40210 Düsseldorf	Tel: 0211 / 179270-0 Fax: 0211 / 179270-70
Horst Hanus	Postfach 1153 88349 Kißlegg	Tel: 07563 / 0112-0 Fax: 07563 / 9112-29
Haus am Berg GmbH Abteilung Holz	Postfach 1229 72563 Bad Urach	Tel: 07125 / 301-168 Fax: 07125 / 301-159
Otto Heinevetter Lehrmittel GmbH	Papenstr. 41 22089 Hamburg	Tel: 040 / 259019 Fax: 040 / 2512128

Name	Adresse	Tel. / Fax
Herder GmbH + Co. KG	Hermann Herder-Str. 4 79104 Freiburg	Tel: 0761 / 2717-440 Fax: 0761 / 2717-360
Herlitz AG	Postfach 270201 13472 Berlin	Tel: 030 / 4393-0 Fax: 030 / 4393-3299
Heros Holzspielwarenfabrik G. Rossberg GmbH & Co. KG	Lohberger Str. 2 93462 Lam	Tel: 09943 / 9405-0 Fax: 09943 / 8280
Holz-Hoerz GmbH	Lichtensteinstr. 50 72521 Münsingen	Tel: 07381 / 9357-0 Fax: 07381 / 9357-40
Jocdi Goula	Energia 106 E-8940 Cornella – Barcelona	Tel: 00343 / 4743336 Fax: 00343 / 4742251
Jugend & Volk GmbH Verlag	Universitätsstr. 11 A-1010 Wien	Tel: 01 / 4072707-0 Fax: 01 / 4072707-22
Käfer & Partner GmbH	Germanenstr. 9 72768 Reutlingen	Tel: 07121 / 560-0 Fax: 07121 / 560-151
Käte Kruse Puppen GmbH	Postfach 1229 86602 Donauwörth	Tel: 0906 / 70678-0 Fax: 0906 / 70678-70
Kerle (im Verlag Herder GmbH & Co. KG)	Hermann-Herder-Str. 4 79104 Freiburg	Tel: 0761 / 2717-440 Fax: 0761 / 2717-360
Heinz Kettler GmbH & Co. Metallwarenfabrik	Postfach 1020 59463 Ense	Tel: 02938 / 81-0 Fax: 02938 / 2022
Ernst Klett Verlag GmbH	Rotebühlstr. 77 70178 Stuttgart	Tel: 0711 66720 Fax: 0711 76722000
Louis N. Kuenen	Postfach 6547 68784 St. Leon-Rot	Tel: 06227 / 51081 Fax: 06227 / 51982
Dorfgemeinschaft Lautenbach Lautenbacher Gemeinschaften e.V.	88634 Herdwangen Schönach	Tel: 07552 / 262-0 Fax: 07552 / 262-162
LEGO GmbH	Postfach 820440 81804 München	Tel: 089 / 453460-0 Fax: 089 / 453460-145
Lentz	Thomas-Wimmering 11 80539 München	Tel: 089 / 290880 Fax: 089 / 29088144

Name	Adresse	Tel. / Fax
Loewe Verlag GmbH	Bühlstr. 4 95463 Bindlach	Tel: 09208 / 51-0 Fax: 09208 / 51-309
Logo Lern-Spiel Verlag	Beckenkamp 25 Postfach 110320 46262 Dorsten	Tel: 02369 / 9175-30 Fax: 02369 / 9175-75
Lorenz GmbH & Co. KG	Elbestr. 45 82538 Geretsried	Tel: 08171 / 6297-0 Fax: 08171 / 63121
Lotties Wickelsysteme	Ortsstr. 50 93354 Biburg	Tel: 09444 / 9780-0 Fax: 09444 / 9304
Matador Spielwaren GmbH	A – 3033 Altlengbach Hart 1	Tel: 0043 / 2772 / 54759 Fax: 0043 / 2772 / 54759-4
Meier GmbH	Postfach 1162 74373 Zaberfeld	Tel: 07046 / 91119-0 Fax: 07046 / 91119-99
Meistergilde KG	Westerklei 3 59505 Bad Sassendorf	Tel: 02927 / 189100 Fax: 02927 / 189101
Menschenkinder Verlag und Vertrieb GmbH	An der Kleimannbrücke 97 48157 Münster	Tel: 0251 / 93252-0 Fax: 0251 / 328437
Mertens, Alfred Kunstgewerbe GmbH	Postfach 7228 72785 Pfullingen	Tel: 07121 / 994260 Fax: 07121 / 9942649
Meyers Lexikon Verlag Leipzig Bibliographisches Institut & F.A. Brockhaus AG	Dudenstr. 6 65167 Mannheim	Tel: 0621 / 3901-01 Fax: 0621 / 3901-391
Nanchen Nana Sendke	Am Martinstein 10 32170 Schauenburg	Tel: 05601 / 3252 Fax: 05601 / 3282
Nathan	75704 Paris Cedex 13	Tel: 33(0)149591042 Fax: 33(0)149591283
Michael Neugebauer Verlag	CH – 8625 Gossau – Zürich	Tel: 0041 1 9366868 Fax: 0041 1 9366800
Nic spiel + art GmbH	Postfach 1316 88463 Laupheim	Tel: 07392 / 10021 Fax: 07392 / 7847

Name	Adresse	Tel. / Fax
Nienhuis Groep	Industriepark 14 7021 BL Zelheim	Tel: 08342 – 1841 Fax: 08342 – 3909
Nord-Süd-Verlag AG	Industriestr. 8 8632 Gossau – Zürich Schweiz	Tel: + 41 1 9366868 Fax: + 41 1 9366800
NORIS – Spiele Georg Reulein GmbH & Co.KG	Postfach 2254 90712 Fürth	Tel: 0911 / 97080-0 Fax: 0911 / 708507
Friedrich Oetinger GmbH	Poppenbüttler Chaussee 53 22397 Hamburg	Tel: 040 / 40607909-02 Fax: 040 / 406072326
ökoNorm GmbH	Bahnhofstr. 3A 38836 Dedeleben	Tel: 039422 / 95110 Fax: 039422 / 95113
Patmos Verlagshaus GmbH & Co. KG	Am Wehrhan 100 40211 Düsseldorf	Tel: 0211 / 16795-0 Fax: 0211 / 167995-75
Pelikan Vertriebsgesellschaft mbH & Co. KG	Postfach 110755 30102 Hannover	Tel: 0511 / 6969-0 Fax: 0511 / 6969-2229
playmobil geobra Brandstätter GmbH + Co. KG	Postfach 1260 90511 Zirndorf	Tel: 01805-773731 Fax: 01805-773733
Polyglott Verlag GmbH	Mies-van-der Rohe Str. 1 80807 München	Tel: 089 / 36096-333 Fax: 089 / 36096-258
Praunheimer Werkstätten	Krautgartenweg 1 60439 Frankfurt	Tel: 069 / 958026-0 Fax: 069 / 958026-29
PUKY GmbH Fahrzeugfabrik	Postfach 1460 42481 Wülfrath	Tel: 02058 / 773-0 Fax: 02058 / 92580-0
Pustefix Seifenblasen Spiele	Postfach 1640 72006 Tübingen	Tel: 07071 / 791005 Fax: 07071 / 791007
Ravensburger Spieleverlag GmbH	Postfach 1860 88188 Ravensburg	Tel: 0751 / 86-0 Fax: 0751 / 86-1311
Revell GmbH & Co. KG	Postfach 2609 Henschelstraße 3226 Bünde	Tel: 05223 / 9650 Fax: 05223 / 965-488

Name	Adresse	Tel. / Fax
rolly toys Franz Schneider GmbH & Co. KG	Postfach 1460 96459 Neustadt	Tel: 09568 / 856-0 Fax: 099568 / 856-190
Sauerländer Verlage AG	Laurenzenvorstadt 89 CH – 5001 Aarau	Tel: + 41 62 836 8626 Fax: + 41 62 836 8620
Schäfer GmbH	Großer Kamp 6 – 8 32791 Lage-Heiden	Tel: 05232 / 65982 Fax: 05232 / 67691
Schmidt Spiele GmbH	Ballinstr. 16 12359 Berlin	Tel: 030 / 683902-0 Fax: 030 / 6852054
SCHUBI Lernmedien	Zeppelinstraße 8 78244 Gottmadingen	Tel: 07731 / 97230 Fax: 0800-77317731
Selecta Spielzeug AG	Postfach 62 83531 Edling	Tel: 08071 / 1006-0 Fax: 08071 / 1006-40
Simplex	Wijngaardsberg 30 6464 EZ KERKRADE	Tel: 31045 5665980 Fax: 31045 5665981
Sina Spielzeug GmbH	Bahnhofstr. 17 09544 Neuhausen	Tel: 037361 / 463-0 Fax: 037361 / 463-26
Sonor GmbH & Co. KG Musikinstrumentenfabrik	57319 Bad Berleburg	Tel: 02759 / 79100 Fax: 02759 / 79125
Sound Creative	Baumstr. 13 80469 München	Tel: 089 / 20009985 Fax: 089 / 20009986
Speechmark Publisaine Ltd.	Telford Road Bicester Oxford Shire Ox 264 LQ, UK	Tel: 44018 69 244644 Fax: 44018 69 320040
Margarete Steiff GmbH	Postfach 1560 89530 Giengen	Tel: 07322 / 131-1 Fax: 07322 / 131-266
Sterntaler GmbH	Postfach 40 65598 Dornburg-Dorndorf	Tel: 06436 / 509-0 Fax: 06436 / 2000
Hans Stockmar GmbH & Co. KG	Postfach 1451 24562 Kaltenkirchen	Tel: 04191 / 8009-0 Fax: 04191 / 8009-22

Name	Adresse	Tel. / Fax
Sport-Thieme	38367 Grasleben	Tel: 05357 / 18181 Fax: 05357 / 18190
Thienemann GmbH	Blumenstr. 36 70182 Stuttgart	Tel: 0711 / 21055-0 Fax: 0711 / 21055-39
Togu Gebr. Obermaier OHG	Postfach 1451 83204 Prien	Tel: 08051 / 9038-0 Fax: 08051 / 3745
Toyland S.A. Jocdi-Goula	Energia 106 E – 8940 Cornella – Barcelona	Tel: 0034 3 / 4743336 Fax: 0034 3 / 4742251
Velber im OZ Verlag GmbH	Kaiser-Josef-Str. 263 79098 Freiburg	Tel: 0761 / 70578-0 Fax: 0761 / 70578-49
verlag modernes lernen	Hohestr. 39 44139 Dortmund	Tel: 0231 / 128008 Fax: 0231 / 125640
Wehrfritz GmbH	August-Grosch-Str. 28 – 38 96476 Bad Rodach	Tel: 09564 / 929-0 Fax: 09564 / 929-224
Westermann Lernspielverlag GmbH	Postfach 4929 38039 Braunschweig	Tel: 0531 / 708763 Fax: 0531 / 708764
Berthold Widmaier	Waldstr. 36 73773 Aichwald-Aichschieß	Tel: 0711 / 93637-0 Fax: 0711 / 93637-50
Konrad Wiese GmbH	Postfach 1140 49304 Melle	Tel: 05422 / 702-390 Fax: 05422 / 702-310
A. Winther A/S	Rygesmindevej 2 DK – 8653 Them	Tel: +45 8684 7288 Fax: +45 8684 8528

Spielmaterial-Verzeichnis

(Die Zahlen verweisen auf die Seiten, auf denen das Spielzeug zu finden ist.)

Bilderbücher- und Bücherverzeichnis

(Die Zahlen verweisen auf die Seiten, auf denen das Buch zu finden ist.)

Z

Kassetten und CDs

(Die Zahlen verweisen auf die Seiten, auf denen die MC/CD zu finden ist.)

Praxisorientierte Literatur zur Entwicklungsförderung

Optische Wahrnehmung

Biermann, Ingrid	Spiele zur Wahrnehmungsförderung. Freiburg: Herder 2003[8]
Erkert, Andrea	Spiele zur Sinnesförderung. München: Don Bosco 1999
Friedl, Johanna	Spielend die Sinne entdecken. Ravensburg: Otto Maier 2001
Kiphard, Ernst J.	Wie weit ist ein Kind entwickelt. Dortmund: verlag modernes lernen 2002[11]
Löscher, Wolfgang	Wahrnehmungsspiele mit Alltagsmaterial. München: Don Bosco 2001
Rieck, Gottlob	Förderung durch Spielen. (Spielesammlung zur Förderung im Vorschulalter – mit Alltagsmaterialien) Dortmund: borgmann publishing 1995
Sinnhuber, Helga	Optische Wahrnehmung und Handgeschick. Dortmund: verlag modernes lernen 1993[3]
Sinnhuber, Helga	Sensomotorische Förderdiagnostik. Dortmund: verlag modernes lernen 2002[2]

Handmotorik

Arndt, Marga / Waltraud Singer (Hrsg)	Das ist der Daumen Knudeldick. Ravensburg: Otto Maier 1998[15]
Friedl, Johanna	Pitsche, Patsche, Peter. München, Kösel 1999
Kiphard, Ernst J.	Wie weit ist ein Kind entwickelt. Dortmund: verlag modernes lernen 2002[11]
v. Oy, Clara Maria	Montessori Material. Heidelberg: Universitätsverlag Winter 1996[3]
Schilling, Friedhelm	Spielen - Malen – Schreiben. Dortmund: verlag modernes lernen 1996[11]

Sinnhuber, Helga	Optische Wahrnehmung und Handgeschick. Dortmund: verlag modernes lernen 1993[3]
Sinnhuber, Helga	Sensomotorische Förderdiagnostik. Dortmund: verlag modernes lernen 2002[2]
Wierz, Jakobine	Kreative Mal- und Zeichenspiele für Kindergruppen. München: Don Bosco 2003

Körpermotorik

Baum, Heike	Bei den Buchen musst du suchen. Freiburg: Herder 2000
Beins, Hans Jürgen / Cox, Simone	Die Spielen ja nur? Psychomotorik in der Kindergartenpraxis. Dortmund: verlag modernes lernen 2002[2]
Braun, Daniela / Greine, Rita	Mit Kindern tanzen und springen. Freiburg: Herder 2000
Cherek, Reiner	Säuglings- und Kleinkinderschwimmen. Dortmund: verlag modernes lernen 2001[2]
Friedl, Johanna	Pitsche, Patsche, Peter. München: Kösel 1999
Gass-Tutt, Anneliese	Fröhliches Tanzen im Kindergarten. Freiburg: Herder 1989
Haas, Ute	Sport und Spaß im Kindergarten. München: Südwest 1997[2]
Kiphard, Ernst J.	Wie weit ist ein Kind entwickelt. Dortmund: verlag modernes lernen 2002[11]
Koniezko, Christa	Sing-, Kreis-, Finger- und Bewegungsspiele. Heidelberg: Universitätsverlag Winter 1995[3]
Kraus, Ursula	Mit Hand und Fuß über Tisch und Stuhl. Dortmund: verlag modernes lernen 1999
Krombholz, Heinz	Spaß an Bewegung. München: Don Bosco 1996
Mertens, K.	Körperwahrnehmung und Körpergeschick. Dortmund: verlag modernes lernen 1986

Sinnhuber, Helga	Sensomotorische Förderdiagnostik. Dortmund: verlag modernes lernen 2002[2]
Zimmer, Renate	Kreative Bewegungsspiele. Freiburg: Herder 1989[12]

Sprachfähigkeit und Wortverständnis

Braun, Daniela	Mit Kindern reimen und sprechen. Freiburg: Herder 2000
Göth, Martin / Weininger, Paul	Winterlieder und Singspiele für Kinder München: Don Bosco 2000[3]
Götte, Rose	Sprache und Spiel im Kindergarten. Weinheim: Beltz 1994
Gschwendtner, Hermann	Kinder spielen mit Orff-Instrumenten. München: Don Bosco 1997[8]
Kiphard, Ernst J.	Wie weit ist ein Kind entwickelt. Dortmund: verlag modernes lernen 2002[11]
v. Krimm-Fischer, Catherine	Rhythmik und Sprachanbahnung Heidelberg: Universitätsverlag Winter 1995
Loos, Roger	Praxisbuch Spracherwerb – Sprachförderung im Kindergarten. München: Don Bosco 2003
Maier, Wolfgang (Hrsg.)	Neue Wege der Sprachförderung, Band 1 – 4 München: Don Bosco 1992
Maier, Wolfgang	Deutsch lernen in Kindergarten und Grundschule. München: Don Bosco 1999
Monschein, Maria	Spiele zur Sprachförderung, Band 1 und 2 München: Don Bosco 1999[3]
Olbrich, Ingrid	Auditive Wahrnehmung und Sprache. Dortmund: verlag modernes lernen 1994[2]
Portmann, Rosemarie / Schneider, Elisabeth	Mit Sprache spielen. München: Don Bosco 2000[4]
Schwitters, Wilhelma	Sprachspatz. Dortmund: verlag modernes lernen 1999

Sinnhuber, Helga	Sensomotorische Förderdiagnostik. Dortmund: verlag modernes lernen 2002[2]
Stöcklin-Meier, Susanne	Sprechen und Spielen. Ravensburg: Otto Maier 2000
Wagner, Elisabeth	Sehen – hören – spüren. München: Don Bosco 1999[3]
Widmer, Manuela	Alles, was klingt. Freiburg: Herder 1998[2]

Förderung im Sozialbereich

Erkert, Andrea	Spiele zum Abbau von Aggressivität. München: Don Bosco 2003
Pfeffer, Simone	Emotionales Lernen. Weinheim: Beltz 2002
Portmann, Rosemarie	Spiele zum Umgang mit Aggressionen. München: Don Bosco 2001[6]
Portmann, Rosemarie	Spiele, die stark machen. München: Don Bosco 1998
Trapmann, Hilde / Rotthaus, Wilhelm	Auffälliges Verhalten im Kindesalter. Dortmund: verlag modernes lernen 2003[10]

Literatur

Spiel gut. Arbeitsausschuss Kinderspiel + Spielzeug e.V. **Das Spielzeugbuch,** Ulm 2002

Arndt, M.
Didaktische Spiele. Stuttgart, Klett 1972

Bach, H.
Früherziehungsprogramme. Berlin, Marhold 1975

Blumenthal, E.
Vorschulalter an Geräten. Schorndorf, Hofmann 1970

Das wunderbare erste Jahr. Hipp GmbH, Pfaffenhofen

Diem, L.
Reihe: **Kinder lernen Sport.** Band 2 und 4. München, Kösel 1973

Hellbrügge, Th. / Wimpffen, J. H.
Die ersten 365 Tage im Leben eines Kindes. München, TR-Verlagsunion

Herzka, St.
Spielsachen für das gesunde und das behinderte Kind. Basel, Schwabe und Co. 1969

Herzka, St.
Das Kind von der Geburt bis zur Schulreife. Basel, Schwabe und Co. 1973

Hurlock, E.
Die Entwicklung des Kindes. Weinheim, Beltz 1970

Kiphard, E. J.
Unser Kind ist ungeschickt. München, Ernst Reinhard 1966

Kiphard, E. J.
Leibesübungen als Therapie. Gütersloh, Flöttmann 1970

Kiphard, E. J.
Wie weit ist ein Kind entwickelt? Dortmund, modernes lernen 1977

Loewe, A.
Sprachfördernde Spiele für hörgeschädigte und sprachentwicklungsgestörte Kinder. Berlin, Marhold 1973

Lunzer, E. A. / Morris, J. F.
Das menschliche Lernen und seine Entwicklung. Stuttgart, Klett 1971

Mordi, S.
Artikel in **‚Vorschulzeit'** Weinheim / Basel, Beltz 1972

Oy, C.M. von / Sagi, A.
Lehrbuch der heilpädagogischen Übungsbehandlung. Ravensburg, Otto Maier 1975

Reichmann, D.
Gymnastik mit den Kleinsten. Frankfurt/M., Limpert 1955

Ross, D.
Schritt für Schritt. Ravensburg, Otto Maier 1969

Raum für Notizen